D1703445

Sophies
Gourmet-Haschees

Im Gerstenberg Verlag bereits erschienen:
Sophies Cakes
Sophies Tartes, Quiches und Salate
Ducasse ganz einfach dank Sophie
Sophies Buffets
Sophies Marmeladen & Kompotte
Sophies Grillfeste

Entdecken Sie Sophies kulinarische Welt:
ihre Kochbücher, ihre Rezepte, ihre Tipps, ihre Kochkurse,
ihre Feinschmeckerprodukte und ihr behagliches Landhotel in der Normandie.

www.lamaisondesophie.com

Sophie Dudemaine
La Maison de Sophie
F-14950 Saint-Étienne-la-Thillaye
Tel. 0033-02 31 65 69 97

Bibliografische Information der Deutschen Nationalbibliothek
Die Deutsche Nationalbibliothek verzeichnet diese Publikation
in der Deutschen Nationalbibliografie; detaillierte bibliografische Daten
sind im Internet über *http://dnb.d-nb.de* abrufbar.

Die Originalausgabe erschien unter dem Titel *Les Hachés Gourmands de Sophie*
bei Éditions Minerva, Genf

Copyright © 2007 Éditions Minerva, Genève (Suisse)

Deutsche Ausgabe Copyright © 2009 Gerstenberg Verlag, Hildesheim
Alle Rechte vorbehalten
Satz: typocepta, Wilhelm Schäfer, Köln
Printed in Italy

www.gerstenberg-verlag.de

ISBN 978-3-8369-2989-9

Sophie Dudemaine

Sophies Gourmet-Haschees

Fotos von Françoise Nicol · Styling von Catherine Madani

Aus dem Französischen von Barbara Holle

Vorwort

Verliefe bei Sophie alles in »normalen« Bahnen, wäre ich einer der Ersten, der es wissen müsste.

Doch schon hat sie sich wieder etwas Neues ausgedacht. Etwas völlig Neues!

Waren es erst die Cakes, sind es nun die Gourmet-Haschees.

So ein Gourmet-Haschee passt einfach zu jedem Anlass, und bis jetzt hat es noch niemand geschafft, daran zu scheitern. Ich selbst eingeschlossen!

Sechs Monate lang hat Sophie ihre Haschees in der Familie und im Freundeskreis ausgiebig getestet, und bis jetzt hat sich niemand beklagt.

Eine wirklich tolle Sache!

Solche Momente sind es, in denen ich mich besonders glücklich schätze als …

… der Ehemann von Sophie.

Inhalt

Kleine Warenkunde — internationaler Zutaten; in den Rezepten mit * gekennzeichnet 172

Sophies Ratschläge	9
Praktische Küchenhelfer	10

Von Hand geformt

Ziegenfrischkäse mit Roter Bete und Birne	16
Hähnchen-Cevapcici am Spieß	17
Frühlingsrollen mit Rotbarbe und Gemüse	20
Zucchini mit Lammhack	21
Lamm-Tagine	23
Tomaten mit Ratatouille gefüllt	24
Merguez	25
Andouillette mit Weißwein	26
Tacos	28
Lachs mit Ahornsirup	29
Thunfisch mit Koriander	30
Gefüllte Zwiebeln	32
Fleischbällchen mit Chips	35
Kartoffelpuffer mit Raclette-Käse	36
Putenfrikadellen »Cordon bleu«	38
Nusspralinen mit Kokos	39

Für Gläser aller Art

Thunfisch mit Kokosnuss	46
Süßsaure Jakobsmuscheln mit Möhren	47
Kaninchenrücken mit Oliven	49
Spargel mit Parmesan	50
Hummer mit Spargel und Morcheln	51
Rindfleisch unter der Haube	55
Kalbfleisch mit Gorgonzola	56
Perlhuhn mit Schnecken	57
Schweinefleisch mit Oliven und Kapern	60
Ente mit getrockneten Aprikosen	62
Lammkeule mit Auberginen	63
Fenchel, Tomaten und Oliven	64
Frühlingsgemüse mit Estragon	66
Äpfel und Spekulatius	67
Erdbeeren und weiße Schokolade	69
Blaubeeren und Zitrone	70

 Aperitif   Hauptgericht, Buffet, Picknick   Beilage

 Wie eine Terrine   Kinder lieben es   Dessert, zum Kaffee

Für kleine Formen

Schinken mit Chicorée und Roquefort	76
Jakobsmuscheln mit Mimolette	77
Garnelen und Spargel	78
Blutwurst	80
Ente mit Ananas	81
Pute mit grünen Bohnenkernen	82
Seeteufel mit Cashewkernen	84
Lamm mit Minze	85
Hähnchen mit Ratatouille	87
Rindfleisch mit Kräutern	89
Schinken und Hörnchennudeln	90
Spinat mit Ricotta	92
Artischocken mit Mandeln	93
Kirsche und Pistazien	96
Zwetschgen mit Pastis	98
Himbeernougat	99

Für Dessertringe

Saltimbocca	107
Hähnchen mit Cashewkernen	108
Schwertfisch auf italienische Art	109
Kulibiaka mit Lachs	110
Eingelegte Ente mit Äpfeln	112
Kabeljau mit Möhren	113
Taube mit Mandeln	115
Rinderlende mit Schalotten	116
Kalbskotelett mit Äpfeln	117
Schweinerippchen mit Orange	120
Kartoffeln mit Steinpilzen	122
Perlhuhn mit Kohl	123
Zucchini mit Mozzarella	127
Exotische Früchte mit Malibu	128
Bananen mit Maronencreme	129
Birnen mit Schokolade	130

Für große Formen

Entenbrustfilet mit Entenleber	136
Putenfilet auf normannische Art	138
Hackbraten, das Original	139
Schellfisch und Lauch	142
Kaninchen mit Schokolade	144
Zander mit Limette	145
Tartiflette	148
Kalbsbries mit Portwein	149
Fasan mit Sauerkraut	151
Schweinekarree mit Schalotten	152
Krebsfleisch mit Gouda	154
Hähnchen mit Tapenade und eingelegter Zitrone	155
Kastanien mit Sellerie	157
Möhren, Süßkartoffeln und Pastinaken	158
Aprikosen und Amaretto	159
Kandierte Früchte mit Rum	160

Saucen	164
Dekos zum Mitessen	167
Register	168
Kleine Warenkunde	172
Dank	175

Sophies Ratschläge

Die fünf Kapitel dieses Buches sind nicht etwa jahreszeitlich gegliedert, sondern vielmehr nach der Art der Zubereitung und dem Kochgeschirr, das ich für die hier vorgestellten Rezepte verwendet habe – und das findet sich mit Sicherheit auch in Ihrer Küche.

Ich bin überzeugt, dass sich dieses Buch zu einem Trendsetter entwickeln wird und dass Ihnen die Gourmet-Haschees perfekt gelingen werden!

- Vom Kleinkind bis zum Senior – die Haschees werden jeden begeistern.
- Die Haschees lassen sich gut einfrieren. Legen Sie sich doch einen Vorrat an.
- Die Haschees eignen sich für jede Gelegenheit, ob zum Aperitif, als Vorspeise, für ein Buffet, ein Picknick, zu einer Suppe, für Sandwichs, als Hauptgericht …
- Lassen Sie Ihre Kinder helfen. Sie lieben es, mal so richtig »herummatschen« zu dürfen.
- Die Haschees können bereits am Vortag zubereitet werden …
- … und hat man gerade keinen Backofen zum Aufwärmen zur Verfügung, kann man sie ebenso gut kalt genießen.
- Lassen Sie sich – je nachdem, was Kühlschrank und Speisekammer gerade hergeben – von den Rezepten zu neuen Kombinationen inspirieren. Ein Haschee ist außerdem ideal zur Resteverwertung.
- Wer lieber auf Sahne oder Butter verzichten möchte, der kann bei der Zubereitung problemlos auf fettärmere Produkte zurückgreifen.

- Bei meinen Gourmet-Haschees kommen selbstverständlich auch Vegetarier auf ihre Kosten. Ebenso wie die Fleischliebhaber.
- Ihre Kinder werden mit den Haschees zu Gemüseessern. Denn was ich nicht weiß …
- Fleisch und Fisch niemals im Mixer hacken, sie werden sonst zu Brei. Nehmen Sie den Fleischwolf oder ein scharfes Messer …
- … oder lassen Sie das Fleisch gleich von Ihrem Metzger hacken. Dann müssen Sie es allerdings unbedingt am selben Tag verarbeiten, denn gehackte Lebensmittel verderben im Nu.
- Die Zutaten nicht stark kneten, damit alles schön locker und saftig bleibt.
- Ziehen Sie Einmalhandschuhe an, wenn Sie die Zutaten mit den Händen vermengen.
- Wenn Sie größere Mengen zubereiten, daran denken, dass sich die Garzeit verlängert.
- Die Haschees in der Form abkühlen lassen. Sonst gibt es Bruch!
- Und zum Aufschneiden am besten ein elektrisches Messer verwenden.

Praktische Küchenhelfer

DIE KÜCHENMASCHINE
Mit einer Küchenmaschine, mit der man ebenso Kräuter, Zwiebeln und Gemüse wie frische und getrocknete Früchte und natürlich Fisch und Fleisch zerkleinern, mischen und pürieren kann, wird die Zubereitung der Haschees zu einem Kinderspiel. Neben den großen Geräten gibt es im Handel auch einige sehr gute Kleingeräte, die über alle wichtigen Funktionen verfügen.

Unverzichtbar zum Emulgieren Ihrer Saucen ist außerdem ein Stabmixer. Besonders praktisch: die modernen schnurlosen Geräte.

Im Allgemeinen lasse ich Fleisch oder Fisch von meinem Metzger bzw. Fischhändler schneiden und hacken. Man spart dadurch nicht nur viel Zeit, sondern kann auch sicher sein, dass es »fachmännisch« gemacht wird.

DER TOMATENSCHÄLER
Für mich eine echte Revolution. Kann man sich damit doch das Wasserkochen und Überbrühen der Tomaten sparen.

Der Tomatenschäler ist genauso einfach zu handhaben wie ein Sparschäler, und man kann damit nicht nur Tomaten, sondern auch Paprikaschoten und alle dünnschaligen Früchte schälen.

DER SPARSCHÄLER
Der Sparschäler ist besonders praktisch zum Schälen von langem Gemüse wie Möhren, Zucchini, Gurken, Spargel …

Man kann damit aber auch gut hobeln – zum Beispiel Schokolade oder Käse und natürlich auch Gemüse.

DER JULIENNESCHNEIDER
Das ideale Werkzeug, um Gemüse in Julienne-Streifen (streichholzgroße Stifte) zu schneiden, die Sie roh oder gekocht zum Verfeinern und Garnieren Ihrer Haschees verwenden können.

Ein weiterer Vorzug: Das Gemüse ist im Nu gar und die Vitamine bleiben erhalten.

DER ZWIEBEL- UND GEMÜSESCHNEIDER
Man kann damit nicht nur Zwiebeln, sondern auch jedes Gemüse und jedes Obst fein würfeln.

Seit ich dieses Gerät kenne, verwende ich es für alle Speisen und Desserts, die mit fein gewürfeltem Gemüse oder Obst zubereitet werden.

Ich muss Ihnen also wohl gar nicht erst sagen, dass dieses Gerät für die Gourmet-Haschees geradezu ein Muss ist.

DIE SILIKONMATTE
Die praktische, antihaftbeschichtete Matte aus Silikon möchte ich nicht mehr missen. Sie ist der ideale Ersatz für das nicht immer zuverlässige Backpapier.

DIE SILIKONBACKFORMEN
Meine Mutter pflegte zu sagen: »Billig einkaufen heißt zu teuer einkaufen«, und sie hatte recht.

Silikonbackformen setzen sich inzwischen immer mehr durch. Es gibt hier allerdings erhebliche Qualitätsunterschiede. Sparen Sie also nicht an der falschen Stelle und entscheiden Sie sich lieber für ein teureres Markenprodukt. Die Investition wird sich durch Langlebigkeit auszahlen.

Sehr nützlich zum Abstellen der Formen und als Alternative zum herkömmlichen Backrost ist auch ein Lochblech aus Aluminium.

Von Hand geformt

Für meine Tochter war es immer ein großes Vergnügen, wenn Sie bei der Zubereitung von Fleischbällchen, Frikadellen oder Spießen helfen durfte.

Diese ersten spielerischen Kochversuche waren es, die mich zu den folgenden Rezepten inspiriert haben.

Die im folgenden Kapitel vorgestellten Haschees werden mit den Händen geformt und im Backofen oder in der Pfanne gegart.

Der Vorzug des Backofens besteht darin, dass man kein Fett benötigt und dass sich in der Küche keine unangenehmen Gerüche entwickeln.

Für zarte, goldbraune Haschees empfiehlt sich allerdings die Pfanne mit etwas Butter und Öl.

Damit der Teig nicht an den Händen klebt und sich leichter formen lässt, feuchten Sie die Hände am besten an oder nehmen Einmalhandschuhe.

Und stellen Sie den Teig vor dem Garen mindestens 30 Minuten, am besten sogar 1 Stunde, in den Kühlschrank. Das ist sehr wichtig, damit die Haschees beim Braten nicht zerfallen.

Denken Sie auch daran, sie in Mehl zu wenden, bevor Sie sie in den Kühlschrank stellen. Sie werden dann noch knuspriger.

Bereiten Sie gleich die doppelte Menge zu und frieren Sie eine Hälfte ein. Sie müssen die Haschees dann nur noch auftauen und garen.

 Apéritif    Hauptgericht, Buffet, Picknick   Beilage

 Wie eine Terrine

 Kinder lieben es

 Dessert, zum Kaffee

Ziegenfrischkäse mit Roter Bete und Birne

Für 6 Personen

2 Rote Beten, gegart
1 Birne
50 g Walnusskerne
200 g Ziegenfrischkäse
100 g Sahne
2 EL roter Portwein
2 EL Schnittlauchröllchen
Salz & frisch gemahlener Pfeffer
1 Landbrot
Olivenöl

Vorbereitung

- Die Roten Beten und die geschälte Birne in Würfel schneiden.
- Die Walnüsse grob hacken.
- Den Ziegenkäse in einer Schüssel mit der Sahne, dem Portwein und dem Schnittlauch verrühren.
- Mit Salz und Pfeffer abschmecken.

Fertigstellung

- Den Backofen auf 180 °C (160 °C Umluft) vorheizen.
- Ziegenkäse mit Roter Bete, Birne und Nüssen mischen.
- Abschmecken und gegebenenfalls noch etwas nachwürzen.
- Die leicht gerösteten Brotscheiben mit der Mischung bestreichen und 5 Min. in den Backofen geben.

Sophies Tipp

Den Portwein durch Balsamico-Essig und die Walnüsse durch Pinienkerne ersetzen.

Serviervorschlag

Die Brote mit kleinen Chicoréeblättern und Schnittlauchstängeln garnieren.
Mit Olivenöl beträufeln und sofort servieren.

Hähnchen-Cevapcici am Spieß

Für 6 Personen

600 g Hähnchenbrust
2 Schalotten
1 Knoblauchzehe
2 EL Sojasauce
2 Eier
50 g Paniermehl
Salz & frisch gemahlener Pfeffer
30 g Butter

Vorbereitung
- Die Hähnchenbrüste hacken.
- Die Schalotten und den Knoblauch schälen und hacken.

Zubereitung
- Das Hähnchenfleisch mit den Schalotten, dem Knoblauch, der Sojasauce, den Eiern und dem Paniermehl vermengen.
- Mit Salz und Pfeffer abschmecken.
- Den Teig mit den Händen auf Spieße auftragen und wie eine Wurst formen. Dabei das untere Drittel der Spieße frei lassen.
- Die Spieße 30 Min. in den Kühlschrank legen.

Fertigstellung
- Die Butter in einer beschichteten Pfanne erhitzen und die Spieße 10 Min. rundherum goldbraun braten.
- Die Cevapcici-Spieße mit Reis servieren.

Sophies Tipp
Das Hackfleisch lässt sich leichter auf die Spieße auftragen, wenn Sie die Hände vorher anfeuchten.

Serviervorschlag
Wenn Sie die Spieße auf einem Buffet servieren, den Reis in kleine Auflaufformen oder Gläser füllen und die Spieße in den Reis stecken oder rund um die Formen anrichten.

Dazu passt ...
... eine Süßsaure Sauce (Seite 164).

Von Hand geformt

Frühlingsrollen mit Rotbarbe und Gemüse

Für 6 Personen

18 Rotbarbenfilets
2 Zucchini
1 Möhre
1/4 Blumenkohl
3 EL Honig
Saft von 2 Orangen
2 EL Olivenöl
Salz & frisch gemahlener Pfeffer
1 EL grüne Tapenade*
2 Eier
50 g Paniermehl
10 Brick-Blätter*
40 g zerlassene Butter

Vorbereitung

- Die Rotbarbenfilets sorgfältig entgräten und dann in kleine Stücke schneiden.
- Die Zucchini waschen und in Julienne-Streifen schneiden.
- Die Möhre schaben und in Julienne-Streifen schneiden.
- Den Blumenkohl in kleine Röschen zerteilen und im Mixer zerkleinern.

Zubereitung

- Die Zucchini, die Möhre und den Blumenkohl mit dem Honig, dem Orangensaft und dem Öl in eine beschichtete Sauteuse geben. Mit Salz und Pfeffer abschmecken und umrühren.
- 15 Min. bei geringer Hitze zugedeckt köcheln lassen.

Fertigstellung

- Den Backofen auf 200 °C (180 °C Umluft) vorheizen.
- In einer Schüssel den Fisch mit dem Gemüse, der Tapenade*, den Eiern und dem Paniermehl mischen.
- Die Mischung anschließend je nach Bedarf mit Salz und Pfeffer abschmecken.
- Die Brick-Blätter* vorsichtig voneinander lösen, halbieren und auf beiden Seiten mit der zerlassenen Butter bepinseln.
- Etwas Fisch-Gemüse-Farce in die Mitte geben, die spitzen Enden der Blätter übereinanderschlagen und die Blätter aufrollen. Die Frühlingsrollen auf dem mit einer Silikonmatte oder Backpapier ausgelegten Backblech verteilen.
- Die Frühlingsrollen 15 Min. im Backofen backen, bis sie eine schöne goldbraune Farbe angenommen haben.

Sophies Tipp

Statt der Rotbarbenfilets können Sie auch Kabeljau oder Lachs nehmen.

Serviervorschlag

Die Frühlingsrollen nach dem Backen in ein Salatblatt einschlagen und in Gläsern anrichten.

Dazu passt ...

... eine Süßsaure Sauce (Seite 164).

Zucchini mit Lammhack

Für 6 Personen

700 g Lammschulter

3 mittelgroße Zucchini

1 Zwiebel

2 Hühnerbrühwürfel

100 g Langkornreis

6 EL gehackte Kräuter (Basilikum, Kerbel, Koriander, Schnittlauch, Petersilie)

2 Eier

50 g Paniermehl

Salz & frisch gemahlener Pfeffer

2 Crottins de Chavignol*

3 EL Olivenöl

Vorbereitung

- Das Fleisch hacken.
- Die Zucchini waschen, abtrocknen und der Länge nach halbieren. Das Fruchtfleisch mit einem Teelöffel herauslösen und kleinschneiden. Die ausgehöhlten Zucchinihälften in eine feuerfeste Form legen.
- Die Zwiebel schälen und fein hacken.
- Die Hühnerbrühwürfel in 400 ml kochendem Wasser auflösen.

Zubereitung

- Den Reis mit der Zwiebel, dem Zucchinifleisch und der Hühnerbrühe in eine beschichtete Sauteuse geben und 15 Min. bei geringer Hitze garen. Dabei gelegentlich umrühren.

Fertigstellung

- Den Backofen auf 180 °C (160 °C Umluft) vorheizen.
- Das Lammfleisch in einer Schüssel mit dem Reis, den Kräutern, den Eiern und dem Paniermehl vermengen.
- Die Mischung anschließend je nach Bedarf mit Salz und Pfeffer abschmecken.
- Die Masse auf die Zucchinihälften verteilen, mit dem zerkrümelten Ziegenkäse bestreuen und mit dem Olivenöl beträufeln.
- Die gefüllten Zucchini mit einem grünen Salat servieren.

Sophies Tipp

Nehmen Sie Auberginen anstelle der Zucchini.

Dazu passt ...

... ein Tomaten-, Kräuter- oder Paprikacoulis (Seite 166).

Lamm-Tagine

Von Hand geformt

Für 6 Personen

700 g Lammschulter

2 Zwiebeln

1 Knoblauchzehe

150 g Trockenfrüchte (Rosinen, Backpflaumen, Aprikosen)

25 g Mandeln

400 ml Kalbsjus oder Kalbsfond

1 Orange

1 EL Sonnenblumenöl

4 EL flüssiger Honig

1 TL Raz-el-Hanout*

3 EL gehackte Kräuter (Minze und Koriander)

2 Eier

50 g Paniermehl

Salz & frisch gemahlener Pfeffer

Vorbereitung

- Das Fleisch hacken.
- Die Zwiebeln und den Knoblauch schälen und hacken.
- Die Pflaumen und die Aprikosen kleinschneiden.
- Die Mandeln hacken und bei starker Hitze in einer beschichteten Pfanne rösten (Vorsicht, das geht sehr schnell!).
- Kalbsjus oder Kalbsfond erhitzen. Alternativ können Sie auch Rinder- oder Gemüsebrühe verwenden.
- Die Orange auspressen.

Zubereitung

- Das Öl in einer Sauteuse erhitzen und die Zwiebel und den Knoblauch 5 Min. bei geringer Hitze darin anbraten. Die Mandeln, die Trockenfrüchte und den Honig hinzufügen und umrühren.
- Orangensaft, Kalbsjus und Raz-el-Hanout* dazugeben.
- Umrühren und 20 Min. bei geringer Hitze köcheln lassen.
- Die Kräuter hinzufügen und umrühren.

Fertigstellung

- Den Backofen auf 180 °C (160 °C Umluft) vorheizen.
- In einer Schüssel das Lammfleisch mit der Früchtemischung, den Eiern und dem Paniermehl vermengen.
- Mit Salz und Pfeffer abschmecken.
- Bällchen aus dem Teig formen und den Teig dabei gut andrücken. Die Bällchen auf das mit einer Silikonmatte oder Backpapier ausgelegte Backblech legen.
- Die Hackfleischbällchen 15 Min. im Backofen garen.
- Mit Couscous servieren.

Sophies Tipp

Sie können die Hackfleischbällchen auch in Mehl wälzen und bei starker Hitze mit etwas Öl in der Pfanne braten.

Serviervorschlag

Die Fleischbällchen mit Knusprigen Brick-Blättern (Seite 167) garnieren.

Tomaten mit Ratatouille gefüllt

Für 6 Personen

6 Fleischtomaten
2 Zwiebeln
3 Knoblauchzehen
je 2 rote und gelbe Paprikaschoten
3 mittelgroße Zucchini
2 Auberginen
6 EL Olivenöl
Salz & frisch gemahlener Pfeffer
4 EL fein geschnittenes Basilikum
150 g Feta, gewürfelt
2 Eier
50 g Paniermehl
250 g Reis

Vorbereitung

- Von den Tomaten einen Deckel abschneiden. Das Fruchtfleisch mit einem Löffel herauslösen und beiseitestellen.
- Die Zwiebeln und den Knoblauch schälen und fein schneiden.
- Die Paprikaschoten mit dem Tomatenschäler schälen und in Würfel schneiden.
- Die Zucchini und die Auberginen in Würfel schneiden.
- Das Gemüse – bis auf das Tomatenfruchtfleisch – in einer Schüssel mischen.

Zubereitung

- Das Öl in einer beschichteten Sauteuse erhitzen und das Gemüse 25 Min. bei mittlerer Hitze darin garen.
- Mit Salz und Pfeffer abschmecken und umrühren.

Fertigstellung

- Den Backofen auf 180 °C (160 °C Umluft) vorheizen.
- In einer Schüssel das Gemüse mit dem Basilikum, dem Feta, den Eiern und dem Paniermehl vermengen.
- Abschmecken und gegebenenfalls noch etwas nachwürzen.
- Die ausgehöhlten Tomaten füllen.
- Den Reis mit dem Tomatenfruchtfleisch und 200 ml Wasser in eine feuerfeste Form geben und mit Salz und Pfeffer würzen.
- Die gefüllten Tomaten auf den Reis setzen und das Ganze 30 Min. im Backofen garen.

Sophies Tipp

Damit die Tomaten beim Garen ihre Form behalten, müssen sie vorher entwässert werden. Die ausgehöhlten Tomaten dazu innen mit Salz bestreuen und mindestens 30 Min. umgedreht auf Küchenpapier stellen.

Serviervorschlag

Statt mit Reis können Sie die gefüllten Tomaten auch mit einem grünen Salat servieren und jede Tomate mit einem als Spiegelei gebratenen Wachtelei garnieren.

Merguez

Von Hand geformt

Für 6 Personen

400 g Lammschulter

400 g milde oder scharfe Merguez-Würste*

1 Zwiebel

3 hartgekochte Eier

50 g entsteinte schwarze Oliven

2 EL Olivenöl

400 ml passierte Tomaten aus der Dose

1/2 TL Harissa*

1 EL Oregano

50 g Paniermehl

Salz & frisch gemahlener Pfeffer

30 g Butter

Vorbereitung
- Das Lammfleisch hacken und die Würste kleinschneiden.
- Die Zwiebel schälen und hacken.
- Die Eier pellen und kleinschneiden. Die Oliven ebenfalls kleinschneiden.

Zubereitung
- Das Olivenöl in einer beschichteten Sauteuse erhitzen und die Zwiebel zudeckt 5 Min. darin dünsten. Anschließend die Tomaten und das Harissa* hinzufügen.
- Das Ganze so lange reduzieren, bis die Flüssigkeit vollständig verdunstet ist.

Fertigstellung
- Das Fleisch und die Wurst in einer Schüssel mit den Tomaten, den hartgekochten Eiern, dem Oregano, den Oliven und dem Paniermehl vermengen.
- Die Mischung anschließend je nach Bedarf mit Salz und Pfeffer abschmecken.
- Kleine Bällchen aus dem Teig formen und den Teig dabei gut andrücken.
- Die Butter erhitzen und die Bällchen bei mittlerer Hitze 5–10 Min. darin braten, bis sie rundherum goldbraun sind.
- Mit Couscous, Auberginencreme oder noch mit einem Tomaten-Zwiebel-Salat servieren.

Sophies Tipp
Die Merguez*-Würste können auch durch Chipolatas* ersetzt werden.

Serviervorschlag
Roseval-Kartoffeln* in Wasser kochen, pellen und oben etwas aushöhlen. Unten ein Stück abschneiden, damit die Kartoffeln einen guten Stand haben, und die Fleischbällchen darin anrichten.

Dazu passt ...
... ein Tomatencoulis mit Koriander (Seite 166).

Andouillette mit Weißwein

Für 6 Personen

700 g Andouillette*
3 Schalotten
200 ml Weißwein
2 EL Meaux-Senf*
4 EL Crème double*
3 EL gehackte Petersilie
2 Eier
50 g Paniermehl
Salz & frisch gemahlener Pfeffer
2 EL Sonnenblumenöl

Vorbereitung
- Die Andouillettes* vorsichtig pellen und in kleine Stücke schneiden.
- Die Schalotten schälen und hacken.

Zubereitung
- Den Weißwein und die Schalotten so lange bei starker Hitze reduzieren, bis die Flüssigkeit fast vollständig verdunstet ist. Anschließend den Senf und danach die Crème double* hinzufügen und bei mittlerer Hitze nochmals 3 Min. reduzieren.

Fertigstellung
- In einer Schüssel die Andouillettes* mit der Reduktion, der Petersilie, den Eiern und dem Paniermehl vermengen.
- Die Mischung anschließend je nach Bedarf mit Salz und Pfeffer abschmecken.
- Aus dem Fleischteig kleine Kugeln formen und zu etwa 5 cm großen Küchlein flachdrücken. Die Frikadellen anschließend 30 Min. in den Kühlschrank stellen.
- Das Öl in einer Pfanne erhitzen und die Frikadellen auf jeder Seite 5 Min. bei mittlerer Hitze goldbraun braten.
- Die Frikadellen mit einen grünen Salat, Spinat oder einem Püree servieren.

Serviervorschlag
Einen Apfel in nicht zu dünne Spalten schneiden. Die Apfelspalten kurz in Butter goldbraun braten und die Frikadellen wie bei einem Sandwich zwischen zwei Apfelscheiben anrichten.

Dazu passt ...
... eine Senfsauce mit Curry (Seite 164).

Von Hand geformt

Tacos

Für 6 Personen

2 Zwiebeln
3 Knoblauchzehen
1/2 Dose Mais (150 g)
1 große Dose geschälte Tomaten (800 g Abtropfgewicht)
2 EL Olivenöl
1 TL gemahlener Kreuzkümmel
Salz & frisch gemahlener Pfeffer
700 g Rinderhackfleisch
2 Eier
50 g Paniermehl
12 Weizentortillas
150 g geriebener Emmentaler

Vorbereitung

- Die Zwiebeln und die Knoblauchzehen schälen und hacken.
- Den Mais und die Tomaten abtropfen lassen.

Zubereitung

- Das Öl in einer beschichteten Sauteuse erhitzen und die Zwiebeln und den Knoblauch zugedeckt 5 Min. bei geringer Hitze darin anbraten. Den Mais und die Tomaten hinzufügen. Den Kümmel darüberstreuen und mit Salz und Pfeffer würzen.
- Anschließend 20 Min. bei geringer Hitze köcheln lassen.

Fertigstellung

- Den Backofen auf 180 °C (160 °C Umluft) vorheizen.
- In einer Schüssel das Rindfleisch mit den Tomaten, den Eiern und dem Paniermehl vermengen.
- Die Mischung anschließend je nach Bedarf mit Salz und Pfeffer abschmecken.
- Die Weizentortillas mit der Mischung füllen, mit dem Emmentaler bestreuen und 10 Min. im Backofen überbacken.
- Die Tacos sofort mit einem grünen Salat, roten Bohnen oder weißem Reis servieren.

Sophies Tipp

Das Rindfleisch durch Hähnchenfleisch ersetzen.

Serviervorschlag

Eierkartons mit Salatblättern auslegen und die Tacos darin anrichten.

Dazu passt ...

... eine Guacamole (Seite 165).

Lachs mit Ahornsirup

Für 6 Personen

700 g Lachsfilet ohne Haut
4 EL Ahornsirup
4 EL Sojasauce
2 Eier
50 g Paniermehl
Salz & frisch gemahlener Pfeffer
3 EL geröstete Sesamkörner

Vorbereitung
- Die Lachsfilets sorgfältig entgräten und in kleine Stücke schneiden.

Zubereitung
- Das Lachsfleisch in einer Schüssel mit dem Ahornsirup und der Sojasauce verrühren und mindestens 1 Stunde bei Zimmertemperatur marinieren lassen.
- Das Lachsfleisch anschließend abtropfen lassen.

Fertigstellung
- Den Backofen auf 200 °C (180 °C Umluft) vorheizen.
- Lachs mit den Eiern und dem Paniermehl vermengen.
- Mit Salz und Pfeffer abschmecken.
- Mit 2 Teelöffeln Klößchen von dem Teig abstechen, mit ausreichend Abstand auf ein mit einer Silikonmatte oder Backpapier ausgelegtes Backblech legen und mit den Sesamkörnern bestreuen.
- 1 Min. im Backofen erhitzen. Der Fisch sollte halb gar sein.
- Die Haschee-Bällchen auf gerösteten Toasts anrichten und sofort servieren.

Sophies Tipp
Sollten Sie keinen Ahornsirup haben, können Sie stattdessen auch flüssigen Honig nehmen.

Serviervorschlag
Die Lachsbällchen vor dem Garen auf Tomatenscheiben legen, das Ganze nach dem Garen auf einer gekochten Kartoffelscheibe anrichten, mit etwas Lachsrogen bestreuen und ein Häubchen aus Crème double* daraufsetzen.

Dazu passt ...
... eine Sauce vierge (Seite 165) oder jede andere Sauce für Fisch.

Thunfisch mit Koriander

Für 6 Personen

700 g rotes Thunfischfilet
3 Schalotten
3 EL Olivenöl
3 EL gehacktes Koriandergrün
3 EL gehackter Ingwer
1 TL Piment d'Espelette*
2 Eier
50 g Paniermehl
Salz & frisch gemahlener Pfeffer

Vorbereitung
- Den Thunfisch kleinschneiden.
- Die Schalotten schälen und hacken.

Zubereitung
- 2 EL Olivenöl in einer beschichteten Sauteuse erhitzen und die Schalotten zugedeckt bei geringer Hitze 2 Min. darin anbraten.

Fertigstellung
- Den Backofen auf 200 °C (180 °C Umluft) vorheizen.
- In einer Schüssel den Thunfisch mit den Schalotten, dem Koriander, dem Ingwer, dem Piment d'Espelette*, 1 EL Olivenöl, den Eiern und dem Paniermehl vermengen.
- Die Mischung anschließend je nach Bedarf mit Salz und Pfeffer abschmecken.
- Mit zwei Teelöffeln kleine Bällchen von dem Teig abstechen und auf ein mit einer Silikonmatte oder Backpapier ausgelegtes Backblech legen.
- 1 Min. im Backofen garen. Der Fisch sollte halb gar sein.
- Die Thunfischklößchen auf gerösteten Toasts anrichten, mit Kräutern garnieren und sofort servieren.

Sophies Tipp
Achten Sie darauf, dass der Thunfisch absolut frisch ist und eine schöne glänzende rote Farbe hat, denn wenn das Fleisch oxidiert, bildet sich ein Giftstoff, der unter Umständen für den Menschen tödlich sein kann.

Serviervorschlag
Die Thunfischklößchen vor dem Garen in einen Rand aus gekochtem Reis legen.
Einen perfekten Reisrand erhalten Sie, wenn Sie den Reis in Portionsförmchen aus Silikon füllen.

Dazu passt ...
... eine Sauce vierge (Seite 165).

Gefüllte Zwiebeln

Für 6 Personen

6 Stangen Lauch
(nur die weißen Schäfte)

6 rote Zwiebeln

2 EL Sonnenblumenöl

20 g Butter

1 TL Currypulver

200 g Frischkäse

150 ml Weißwein

2 Eier

50 g Paniermehl

Salz & frisch gemahlener Pfeffer

Vorbereitung

- Die Lauchschäfte waschen und fein schneiden.
- Von den ungeschälten Zwiebeln einen Deckel abschneiden und das Fruchtfleisch mithilfe eines Messers und eines Löffels so weit wie möglich herauslösen.
- Das Zwiebelfleisch anschließend hacken.
- Die ausgehöhlten Zwiebeln 5 Min. in kochendem Salzwasser blanchieren. Abtropfen lassen und in eine feuerfeste Form setzen.

Zubereitung

- Das Öl und die Butter in einer beschichteten Sauteuse erhitzen und das Zwiebelfleisch mit dem Lauch und dem Curry zugedeckt 20 Min. bei geringer Hitze darin dünsten.
- Den Frischkäse mit dem Weißwein in eine Kasserolle geben und bei geringer Hitze schmelzen lassen.

Fertigstellung

- Den Backofen auf 180 °C (160 °C Umluft) vorheizen.
- Die Zwiebel-Lauch-Mischung in eine Schüssel geben.
- Den Frischkäse, die Eier und das Paniermehl untermischen.
- Die Mischung anschließend je nach Bedarf mit Salz und Pfeffer abschmecken.
- Das Gourmet-Haschee in die Zwiebeln füllen und die Zwiebeln 15 Min. im Backofen garen.

Sophies Tipp

Die Zwiebeln umgedreht in die Form setzen, damit der Saft ablaufen kann. Anstelle von Zwiebeln können Sie auch Tomaten nehmen. Diese müssen vorher nicht blanchiert werden.

Fleischbällchen mit Chips

Von Hand geformt

Für 6 Personen

100 g Kartoffelchips
2 Eier
150 g Mehl
500 g Rinderhackfleisch
2 EL Sonnenblumenöl
Salz & frisch gemahlener Pfeffer

Vorbereitung

- Die Chips in der Tüte zerkrümeln und anschließend in einen Suppenteller geben.
- In einem zweiten Suppenteller die Eier kräftig verquirlen.
- Das Mehl in einen dritten Suppenteller geben.
- Mit den Händen kleine Kugeln in der Größe von Tischtennisbällen aus dem Hackfleisch formen.

Zubereitung und Fertigstellung

- Zuerst die Bällchen einzeln durch das Mehl kugeln, danach in den Eiern und zum Schluss so in den zerbröselten Chips wälzen, dass sie rundum damit bedeckt sind.
- Das Öl in einer beschichteten Pfanne erhitzen und die Fleischbällchen bei mittlerer Hitze rundherum darin anbräunen.
- Die Fleischbällchen mit Bratkartoffeln, grünen Bohnen oder einem Tomatensalat servieren.

Sophies Tipp

Anstelle der Chips können Sie auch Cornflakes nehmen.

Serviervorschlag

Mit einer Ausstechform oder einem Glas kleine Kreise aus Hamburgerbrötchen ausstechen und leicht rösten. Mit Salatblättern, Tomaten und den Fleischbällchen belegen und die Zutaten mit Spießen feststecken.

Dazu passt ...

... eine Cocktailsauce (Seite 165).

Von Hand geformt

Kartoffelpuffer mit Raclette-Käse

Für 6 Personen

18 festkochende Kartoffeln
200 g Raclette-Käse
2 EL Sonnenblumenöl
20 g Butter
1 EL Paprikapulver
2 Eier
50 g Paniermehl
Salz & frisch gemahlener Pfeffer

Vorbereitung
- Die Kartoffeln schälen und in Würfel schneiden.
- Den Käse fein würfeln.

Zubereitung
- Das Öl und die Butter in einer beschichteten Sauteuse erhitzen und die Kartoffeln 20 Min. bei mittlerer Hitze goldbraun braten.
- Anschließend in einem Sieb abtropfen lassen.

Fertigstellung
- Den Backofen auf 180 °C (160 °C Umluft) vorheizen.
- Die Kartoffeln in einer Schüssel mit dem Käse, dem Paprikapulver, den Eiern und dem Paniermehl vermengen.
- Die Mischung anschließend je nach Bedarf mit Salz und Pfeffer abschmecken.
- Mit angefeuchteten Händen aus dem Teig Kugeln formen und zu etwa 10 cm großen und 1 cm dicken Kreisen flachdrücken.
- Die Kartoffelküchlein auf ein mit einer Silikonmatte oder mit Backpapier ausgelegtes Backblech legen.
- Die Kartoffelküchlein 20 Min. im Backofen garen.
- Die Kartoffelpuffer mit Schinken oder Spiegelei servieren.

Sophies Tipp
Nehmen Sie anstelle von Kartoffeln doch auch einmal Möhren oder Pastinaken und ersetzen den Raclette-Käse durch einen halbfesten Schnittkäse (z. B. Cantal*, Tomme*, Saint-Nectaire* …).

Serviervorschlag
Mit einem Ausstecher Formen aus rohem oder gekochtem Schinken ausstechen und die Puffer damit garnieren.

Putenfrikadellen »Cordon bleu«

Für 6 Personen

600 g Putenfilets

200 g roher oder gekochter Schinken, in Würfel geschnitten

200 g Emmentaler, in Würfel geschnitten

2 Eier

50 g Paniermehl

Salz & frisch gemahlener Pfeffer

20 g Butter

2 EL Sonnenblumenöl

Vorbereitung

- Die Putenfilets kleinschneiden.

Zubereitung und Fertigstellung

- Das Putenfleisch in einer Schüssel mit den Schinken- und den Käsewürfeln, den Eiern und dem Paniermehl mischen.
- Die Mischung anschließend je nach Bedarf mit Salz und Pfeffer abschmecken.
- Mit angefeuchteten Händen aus dem Teig Kugeln formen und zu etwa 10 cm großen und 1 cm dicken Kreisen flachdrücken.
- Die Butter und das Öl bei mittlerer Hitze in einer beschichteten Pfanne erhitzen.
- Die Putenfrikadellen in die heiße Pfanne legen und auf jeder Seite etwa 4 Min. goldbraun braten.
- Dieses Gourmet-Haschee mit Bratkartoffeln, Kartoffelpüree oder einem grünen Salat servieren.

Sophies Tipp

Statt Putenfleisch eignet sich auch Hähnchen- oder Kalbfleisch, und der Emmentaler kann durch Mozzarella ersetzt werden.

Dazu passt …

… ein Tomatencoulis (Seite 166).

Nusspralinen mit Kokos

Von Hand geformt

Für etwa 20 Stück

50 g Haselnüsse

50 g Mandeln

70 g (1/2 Packung) Crêpes Dentelles Gavotte®*

1 Tafel Krokantschokolade

150 g Nuss-Nougat-Creme

20 g gemahlene Kokosnuss

Vorbereitung
- Die Haselnüsse und die Mandeln grob hacken.
- Die Crêpes Dentelles* grob zerkleinern.
- Die Schokolade in Stücke brechen.

Zubereitung
- Die Schokolade mit der Nuss-Nougat-Creme in der Mikrowelle oder im Wasserbad schmelzen lassen und umrühren.

Fertigstellung
- Die Nüsse, die gemahlene Kokosnuss und die Crêpes Dentelles* rasch unter die geschmolzene Schokolade rühren.
- Mit einem Löffel gleichmäßige Kugeln von der Masse abstechen, auf ein mit einer Silikonmatte oder mit Backpapier ausgelegtes Backblech legen und in den Kühlschrank stellen, bis die Schokolade fest geworden ist.

Sophies Tipp
Die Schokolade muss möglichst rasch mit den übrigen Zutaten verrührt werden, damit die Crêpes Dentelles* schön knusprig bleiben.

Serviervorschlag
Die Haselnusspralinen mit Haselnüssen, Mandeln und Schokolinsen auf Fäden auffädeln – und schon haben Sie einen originellen Schmuck für Ihren Weihnachtsbaum!

Für Gläser aller Art

Vergessen Sie Teller, große und kleine Servierplatten. Nicht minder ansprechend und dabei einfach, praktisch und originell sind Gläser, die Sie gleichzeitig als Koch- und Serviergeschirr verwenden können.

Diese Art des Anrichtens, die seit dem Erscheinen des Buchs *Les Verres gourmands* von meinem Freund Benoît Molin in Mode gekommen ist, bietet eine ganze Reihe von Vorteilen:

Die Speisen können ohne großen Aufwand aufgewärmt und, so wie sie sind, serviert werden. Bei der Zubereitung sind Ihrer Kreativität keine Grenzen gesetzt.

Da diese Haschees nicht aufgeschnitten werden müssen, kann außerdem auf die Zugabe von Eiern und Paniermehl verzichtet werden. Und man spart sich das zeitraubende Anrichten. Ein wahrer Segen!

Das Einzige, worauf Sie achten müssen: Die Gläser müssen feuerfest sein – und niemals Eiskaltes in heiße Gläser füllen, sonst gibt es Bruch!

In dem durchsichtigen Glas kommen die Speisen besonders gut zur Geltung. Spielen und experimentieren Sie also nach Lust und Laune mit den Farben!

Ein weiteres Plus: Sie können Ihre Haschees überallhin mitnehmen. Ich prophezeie Ihnen, dass Sie gar nicht mehr darauf verzichten werden wollen!

Ich habe für die im folgenden Kapitel vorgestellten Haschees alle möglichen Gläser verwendet: Konserven- und Marmeladengläser, Joghurtgläser, kleine und große Einmachgläser und sogar kleine Windlichter.

 Apéritif   Hauptgericht, Buffet, Picknick   Beilage

 Wie eine Terrine

 Kinder lieben es

 Dessert, zum Kaffee

Für Gläser aller Art

Thunfisch mit Kokosnuss

Für 6 Personen

700 g rotes Thunfischfilet
1 Zwiebel
2 kleine Zucchini
3 EL Olivenöl
1 EL Currypulver
3 EL gehacktes Koriandergrün
3 EL Kokosraspel
Salz & frisch gemahlener Pfeffer

Vorbereitung
- Den Thunfisch kleinschneiden.
- Die Zwiebel schälen und hacken.
- Die Zucchini waschen und in Julienne-Streifen schneiden.

Zubereitung
- Das Öl in einer beschichteten Sauteuse erhitzen und die Zwiebel zugedeckt bei geringer Hitze 5 Min. darin dünsten. Die Zucchini und den Curry hinzufügen, den Deckel wieder auflegen und das Ganze 15 Min. bei mittlerer Hitze köcheln lassen.

Fertigstellung
- Den Backofen auf 180 °C (160 °C Umluft) vorheizen.
- Den Thunfisch in einer Schüssel mit dem Koriander und den Kokosraspeln mischen.
- Die Mischung anschließend je nach Bedarf mit Salz und Pfeffer abschmecken.
- In jedes Glas zunächst eine Schicht Thunfisch und darauf eine Schicht Zucchini füllen. Den Vorgang einmal wiederholen.
- Das Haschee 2 Min. im Backofen erhitzen.
- Die Gläser heiß oder zimmerwarm servieren.

Sophies Tipp
Mit Lachs oder Krebsfleisch schmeckt das Gericht ebenso köstlich!

Serviervorschlag
Die Gläser auf einem Bett aus Kokosfleisch in leeren Kokosnusshälften anrichten.

Dazu passt ...
... eine Mandelsauce mit Kräutern (Seite 166).

Süßsaure Jakobsmuscheln mit Möhren

Für Gläser aller Art

Für 6 Personen

300 g Möhren

18 Jakobsmuscheln

20 g Butter

1 EL flüssiger Honig

Salz & frisch gemahlener Pfeffer

2 EL gehackter Kerbel

Vorbereitung

- Die Möhren schaben und in Würfel schneiden.
- Die Jakobsmuschelnüsschen unter fließendem kaltem Wasser säubern, sorgfältig trockentupfen und in Würfel schneiden.

Zubereitung

- Die Möhrenwürfel mit der Butter und dem Honig in eine Kasserolle geben und mit Wasser bedecken.
  Mit Salz und Pfeffer abschmecken.
  Die Möhren bei geringer Hitze etwa 10 Min. weich garen und anschließend den Kerbel hinzufügen.

Fertigstellung

- Den Backofen auf 200 °C (180 °C Umluft) vorheizen.
- In jedes der 6 Gläser zunächst eine Schicht Jakobsmuscheln füllen und darauf eine Schicht der Möhrenmischung verteilen. Den Vorgang einmal wiederholen.
- Die Gläser 2 Min. im Backofen erhitzen.
- Das Gourmet-Haschee heiß servieren.

Sophies Tipp

Wenn Sie die Corail (den Rogen) der Jakobsmuscheln mitessen wollen, vergessen Sie nicht, sie vor dem Garen mit einer Nadel einzustechen, damit sie beim Kochen nicht aufplatzt.

Dazu passt ...

... eine Portweinsauce (Seite 165).

Kaninchenrücken mit Oliven

Für Gläser aller Art

Für 6 Personen

6 Kaninchenrücken à 150 g
100 g entsteinte grüne Oliven
200 g Cocktailtomaten
2 EL Olivenöl
200 g junger Spinat
Salz & frisch gemahlener Pfeffer
150 g Ziegenfrischkäse

Vorbereitung
- Die Kaninchenrücken von den Knochen befreien.
- Das Fleisch kleinschneiden, ebenso die Oliven und die Tomaten.

Zubereitung
- 1 EL Olivenöl in einer beschichteten Sauteuse erhitzen und den gewaschenen Spinat 2 Min. bei starker Hitze darin andünsten.
Mit Salz und Pfeffer abschmecken.
- Den Spinat herausnehmen, abtropfen lassen und auf Küchenpapier ausbreiten.
- Das restliche Olivenöl in der Sauteuse erhitzen, die Oliven und die Tomaten 3 Min. bei mittlerer Hitze darin andünsten und danach mit Salz und Pfeffer würzen.

Fertigstellung
- Den Backofen auf 180 °C (160 °C Umluft) vorheizen.
- In jedes Glas zunächst eine Schicht Fleisch füllen, dann eine Schicht Tomaten-Oliven-Mischung und eine Schicht Ziegenkäse und zum Schluss den Spinat darauf verteilen.
- Das Haschee 20 Min. im Backofen garen.
- Die Gläser heiß oder zimmerwarm servieren.

Sophies Tipp
Der Ziegenkäse kann auch durch Saint-Marcellin* ersetzt werden.

Serviervorschlag
Die Gläser in Spinatblätter einschlagen und die Blätter mit Bast befestigen.

Dazu passt ...
... ein Kräutercoulis (S. 166).

Spargel mit Parmesan

Für 6 Personen

24 Stangen grüner Spargel

6 dünne Scheiben roher Schinken

40 g Pinienkerne

80 g Parmesan

2 EL Olivenöl

frisch gemahlener Pfeffer

Vorbereitung

- Die Enden der Spargelstangen abschneiden, die Stangen der Länge nach vierteln und kleinschneiden.
- Den Schinken ebenfalls kleinschneiden.
- Die Pinienkerne grob hacken.
- Den Parmesan mit einem Sparschäler in Späne hobeln.

Zubereitung

- Das Öl in einer beschichteten Sauteuse erhitzen und den Spargel zugedeckt 10 Min. bei mittlerer Hitze garen.

Fertigstellung

- Den Backofen auf 180 °C (160 °C Umluft) vorheizen.
- In einer Schüssel den Spargel mit dem Parmesan, dem Schinken und den Pinienkernen mischen.
- Mit Pfeffer würzen.
- Die Mischung auf 6 Gläser verteilen und 5 Min. im Backofen erhitzen.
- Das Gourmet-Haschee heiß oder zimmerwarm servieren.

Sophies Tipp

Grüner Spargel muss nicht geschält werden. Statt frischem Spargel können Sie auch tiefgefrorenen nehmen.

Serviervorschlag

6 Spargelspitzen jeweils mit 1 Stück Schinken umwickeln. Den Schinken mit 1 dünnen Stange Thaispargel oder 1 dünnen Spargelstreifen, den Sie mit der Sparschäler von einer rohen Spargelstange abhobeln, befestigen und die Gläser mit den Spargelspitzen dekorieren.

Dazu passt …

… ein Pesto (S. 164).

Hummer mit Spargel und Morcheln

Für Gläser aller Art

Für 6 Personen

2 Hummer à 500 g

12 Stangen weißer oder grüner Spargel (frisch oder tiefgefroren)

40 g getrocknete Morcheln

2 Schalotten

30 g Butter

150 ml Weißwein

200 g Sahne

2 EL Schnittlauchröllchen

Salz & frisch gemahlener Pfeffer

Vorbereitung

- Die Hummer 10 Min. in sprudelndem Salzwasser kochen und anschließend abkühlen lassen. Das Fleisch auslösen und kleinschneiden.
- Den weißen Spargel mit dem Sparschäler schälen.
- Die Morcheln 30 Min. in lauwarmem Wasser einweichen, abgießen und gründlich unter fließendem Wasser abspülen. Die Pilze anschließend trockentupfen und kleinschneiden.
- Die Schalotten schälen und hacken.
- Den Spargel in Salzwasser kochen (weißen Spargel je nach Dicke etwa 12 Min., grünen Spargel etwa 8 Min.), abtropfen lassen, trockentupfen. Anschließend kleinschneiden. Dabei die harten Enden entfernen.

Zubereitung

- Die Butter erhitzen und die Schalotten 3 Min. bei geringer Hitze darin andünsten. Die Morcheln und den Weißwein hinzufügen und das Ganze 5 Min. reduzieren.
- Spargel und Sahne hinzufügen, das Gemüse weitere 5 Min. kochen lassen.
- Mit Salz und Pfeffer abschmecken und mit den Schnittlauchröllchen bestreuen.

Fertigstellung

- Den Backofen auf 180 °C (160 °C Umluft) vorheizen.
- In jedes Glas zunächst eine Schicht Hummer füllen und eine Schicht Spargel darauf verteilen.
- Den Vorgang einmal wiederholen.
- Das Haschee 5 Min. im Backofen erhitzen.
- Die Gläser heiß servieren.

Sophies Tipp

Dieses Gourmet-Haschee eignet sich auch hervorragend als Pastasauce.

Dazu passt ...

... eine Sauce bisque (Seite 165), die Sie aus den Hummerschalen zubereiten können. Einfach köstlich!

Rindfleisch unter der Haube

Für 6 Personen

700 g Rumpsteak
2 EL Olivenöl
1 Packung tiefgekühltes Mischgemüse (Zucchini, Sellerie, Möhre)
Salz & frisch gemahlener Pfeffer
4 EL gehackte Kräuter (Basilikum, Petersilie, Kerbel, Schnittlauch …)
1 Packung backfertiger Blätterteig
1 Eigelb

Vorbereitung
- Das Fleisch kleinschneiden.

Zubereitung
- Das Olivenöl in einer beschichteten Sauteuse erhitzen, das Gemüse zugedeckt 5 Min. bei geringer Hitze darin dünsten und anschließend mit Salz und Pfeffer abschmecken.
- Die Kräuter untermischen.
- Den Blätterteig ausrollen und 6 Kreise daraus ausstechen. Der Durchmesser sollte etwas größer sein als der Ihrer Gläser. Das Eigelb mit 1 TL Wasser verquirlen, die Teigkreise damit bestreichen.

Fertigstellung
- Den Backofen auf 180 °C (160 °C Umluft) vorheizen.
- In jedes Glas zunächst eine Schicht Fleisch füllen und eine Schicht Gemüse darauf verteilen.
- Den Vorgang einmal wiederholen.
- Auf jedes Glas eine Blätterteigscheibe legen und den Teig am Rand gut andrücken.
- 10 Min. im Backofen garen.
- Das Haschee heiß mit einem grünen Salat servieren.

Sophies Tipp
Das Mischgemüse kann auch durch ein Ratatouille ersetzt werden.

Serviervorschlag
Aus den Teigresten Streifen zurechtschneiden und wie ein Band um die Glasränder binden.

Dazu passt …
… ein Pesto (Seite 164). Unmittelbar nach dem Garen ein Loch in die Blätterteighaube bohren und etwas Pesto in die Gläser gießen.

Für Gläser aller Art

Kalbfleisch mit Gorgonzola

Für 6 Personen

1/2 Fenchelknolle
600 g Spinat
20 g Haselnüsse
100 g Gorgonzola
700 g Kalbfleisch
20 g Butter
1 EL Olivenöl
2 EL gehackte Petersilie
1 EL Senf
Salz & frisch gemahlener Pfeffer

Vorbereitung

- Den Fenchel waschen und fein schneiden.
- Die Spinatblätter von den Stielen befreien, kurz unter fließendem kaltem Wasser waschen und trockentupfen.
- Die Nüsse grob hacken.
- Den Gorgonzola kleinschneiden.
- Das Kalbfleisch hacken.

Zubereitung

- Die Butter in einer beschichteten Sauteuse zerlassen und den Spinat 3 Min. bei mittlerer Hitze darin andünsten. Anschließend auf Küchenpapier abtropfen lassen und hacken.
- Den Fenchel in die Sauteuse geben und zugedeckt 15 Min. bei mittlerer Hitze dünsten.

Fertigstellung

- Den Backofen auf 180 °C (160 °C Umluft) vorheizen.
- In einer Schüssel das Fleisch mit dem Gemüse, dem Käse, der Petersilie, den Nüssen und dem Senf vermengen.
- Die Mischung anschließend je nach Bedarf mit Salz und Pfeffer abschmecken.
- Das Ganze auf 6 gleich große Gläser verteilen und 15 Min. im Backofen garen.
- Das Gourmet-Haschee heiß mit frischen Nudeln oder Gnocchi servieren.

Sophies Tipp

Den Gorgonzola durch Roquefort oder Ziegenkäse und die Haselnüsse durch Pinienkerne ersetzen.

Serviervorschlag

Die Gläser in kleinen, mit ganzen Haselnüssen gefüllten Auflaufformen anrichten.

Perlhuhn mit Schnecken

Für 6 Personen

1 Perlhuhn
2 Schalotten
3 Knoblauchzehen
300 g Champignons
300 g Schnecken (Glas)
2 EL Sonnenblumenöl
3 EL gehackte Petersilie
Salz & frisch gemahlener Pfeffer

Vorbereitung
- Das Perlhuhn entbeinen und kleinschneiden.
- Die Schalotten und den Knoblauch schälen und hacken.
- Die Stielenden der Champignons abschneiden, die Pilze kurz waschen, trockentupfen und klein schneiden.
- Die Schnecken ebenfalls kleinschneiden.

Zubereitung
- Das Öl stark erhitzen und die Champignons 8 Min. darin anbraten. Die Butter, die Schalotten, die Petersilie, den Knoblauch und die Schnecken hinzufügen.
- Umrühren und 30 Sek. bei mittlerer Hitze kochen lassen.
- Mit Salz und Pfeffer abschmecken.

Fertigstellung
- Den Backofen auf 180 °C (160 °C Umluft) vorheizen.
- In jedes Glas abwechselnd jeweils eine Schicht Fleisch und eine Schicht der Champignon-Schnecken-Mischung füllen.
- Das Haschee 15 Min. im Backofen garen.
- Die Gläser heiß servieren.

Sophies Tipp
Noch besser schmeckt es, wenn Sie anstelle der Champignons Steinpilze nehmen.

Serviervorschlag
Die Gläser rundherum mit Petersilienstängeln dekorieren, die Sie mit Bast festbinden.

Dazu passt ...
... ein Kräutercoulis (Seite 166).

Schweinefleisch mit Oliven und Kapern

Für 6 Personen

800 g Schweinenacken

2 Zwiebeln

2 Knoblauchzehen

2 Hühnerbrühwürfel

2 EL Öl

15 entsteinte grüne Oliven

1 EL Tomatenmark

800 g geschälte Tomaten aus der Dose

2 EL Oregano

1 EL Kapern

2 Eier

50 g Paniermehl

Salz & frisch gemahlener Pfeffer

Vorbereitung
- Das Fleisch hacken.
- Die Zwiebeln und den Knoblauch schälen und hacken.
- Die Hühnerbrühwürfel in 300 ml kochendem Wasser auflösen.

Zubereitung
- Das Öl in einer beschichteten Sauteuse erhitzen und die Oliven, den Knoblauch und die Zwiebeln zugedeckt 5 Min. bei geringer Hitze darin andünsten. Das Tomatenmark, die Tomaten und den Oregano hinzufügen und um rühren.
- Die Hühnerbrühe angießen und das Ganze bei mittlerer Hitze 15 Min. einkochen lassen.

Fertigstellung
- Den Backofen auf 180 °C (160 °C Umluft) vorheizen.
- In einer Schüssel das Fleisch mit den Tomaten, den Kapern, den Eiern und dem Paniermehl vermengen.
- Die Mischung anschließend je nach Bedarf mit Salz und Pfeffer abschmecken.
- Das Ganze in Marmeladen- oder kleine Einmachgläser füllen.
- 20 Min. im Backofen garen.
- Das Gourmet-Haschee kalt mit geröstetem Brot und Cornichons servieren.

Sophies Tipp
Das Schweinefleisch durch Kalbfleisch ersetzen.

Serviervorschlag
Mit einer Schleife und einem schönen Etikett wird aus Ihrem Gourmet-Haschee im Handumdrehen ein hübsches Geschenk.

Ente mit getrockneten Aprikosen

Für 6 Personen

5 Entenkeulen

2 frische Pfirsiche

50 g getrocknete Aprikosen

50 g ungesalzene Pistazien

50 g Pinienkerne

1 TL Paprikapulver

2 EL gehackte Petersilie

2 Eier

50 g Paniermehl

Salz & frisch gemahlener Pfeffer

Vorbereitung

- Die Entenkeulen entbeinen und das Fleisch hacken.
- Die Pfirsiche häuten, entkernen und in Würfel schneiden.
- Die getrockneten Aprikosen ebenfalls in Würfel schneiden.
- Die Pistazien und die Pinienkerne grob hacken.

Zubereitung und Fertigstellung

- Den Backofen auf 180 °C (160 °C Umluft) vorheizen.
- In einer Schüssel das Fleisch mit den Früchten, dem Paprika, der Petersilie, den Eiern und dem Paniermehl vermengen.
- Die Mischung anschließend je nach Bedarf mit Salz und Pfeffer abschmecken.
- Das Ganze auf 6 Marmeladen- oder Einmachgläser verteilen.
- 25 Min. im Backofen garen.
- Das Haschee anschließend abkühlen lassen.
- Mit geröstetem Brot und Salat servieren.

Sophies Tipp

Die Pfirsiche und die Aprikosen durch Feigen und das Paprikapulver durch 2 EL Portwein ersetzen.

Serviervorschlag

Die Gläser mit dekorativen Aufklebern verzieren.

Dazu passt ...

... ein Aprikosen-Chutney (Seite 166).

Lammkeule mit Auberginen

Für Gläser aller Art

Für 6 Personen

700 g Lammkeule
3 Auberginen
Fleur de sel*
1 Zwiebel
2 Knoblauchzehen
4 EL Olivenöl
Salz & frisch gemahlener Pfeffer
1 TL gemahlener Kreuzkümmel
100 g geriebener Parmesan
2 EL gehacktes Koriandergrün
2 Eier
50 g Paniermehl

Vorbereitung

- Das Fleisch hacken.
- Die Auberginen zunächst der Länge nach in Scheiben und danach in Würfel schneiden. Die Würfel in ein Sieb geben, mit Fleur de sel* bestreuen und 30 Min. entwässern. Anschließend abspülen und in einem Geschirrtuch oder mit Küchenpapier trocknen.
- Die Zwiebel und den Knoblauch schälen und hacken.

Zubereitung

- Öl erhitzen und Auberginen und Zwiebel 15 Min. bei mittlerer Hitze darin andünsten. Knoblauch hinzufügen, mit Salz und Pfeffer würzen, umrühren und vom Herd nehmen.

Fertigstellung

- Den Backofen auf 180 °C (160 °C Umluft) vorheizen.
- In einer Schüssel das Fleisch mit Auberginen, Kreuzkümmel, Parmesan, Koriander, Eiern und Paniermehl vermengen.
- Die Mischung anschließend je nach Bedarf mit Salz und Pfeffer abschmecken.
- Auf 6 Marmeladen- oder kleine Einmachgläser verteilen.
- 25 Min. im Backofen garen.
- Abkühlen lassen.
- Das Haschee kalt zusammen mit geröstetem Brot servieren.

Sophies Tipp

Auberginen und Zucchini sind umso besser, je kleiner sie sind.

Dazu passt ...

... ein Paprika- oder ein Tomatencoulis (Seite 166).

Für Gläser aller Art

Fenchel, Tomaten und Oliven

Für 6 Personen

2 Knollen Fenchel

6 Strauchtomaten

100 g entsteinte schwarze Oliven

150 g Mimolette*

2 Knoblauchzehen

30 g Butter

2 EL Olivenöl

1 TL Thymian

20 cl Noilly Prat*

Salz & frisch gemahlener Pfeffer

Vorbereitung

- Den Fenchel putzen und kleinschneiden.
- Die Tomaten mit dem Tomatenschäler schälen, entkernen und kleinschneiden.
- Die Oliven in dünne Scheiben und den Mimolette in kleine Stücke schneiden.
- Den Knoblauch schälen und hacken.

Zubereitung

- Die Butter und das Öl in einer beschichteten Sauteuse erhitzen. Fenchel 20 Min. zugedeckt bei mittlerer Hitze darin dünsten.
- Anschließend Tomaten, Thymian, Knoblauch und den Noilly Prat* hinzufügen.
- Mit Salz und Pfeffer abschmecken und weitere 15 Min. bei geringer Hitze köcheln lassen.

Fertigstellung

- Den Backofen auf 180 °C (160 °C Umluft) vorheizen.
- In jedes Glas zunächst eine Schicht der Fenchel-Tomaten-Mischung füllen, dann eine Schicht Oliven und zum Schluss den Käse darauf verteilen.
- Das Haschee 10 Min. im Backofen erhitzen.
- Heiß oder zimmerwarm als Beilage zu Fisch, Geflügel und weißem Fleisch servieren.

Sophies Tipp

Den Fenchel durch Auberginen und den Mimolette* durch Ziegenkäse ersetzen.

Serviervorschlag

Sie können das Haschee auch in größeren Gläsern – für 2 oder sogar 4 Personen – zubereiten und servieren.

Frühlingsgemüse mit Estragon

Für 6 Personen

200 g grüner Spargel

200 g Zuckerschoten

200 g Brokkoli

4 Frühlingszwiebeln

3 EL Olivenöl

200 g Räucherspeck, in feine Streifen geschnitten

200 g Erbsen

2 EL gehackter Estragon

100 ml Weißwein

Salz & frisch gemahlener Pfeffer

Vorbereitung
- Den Spargel und die Zuckerschoten kleinschneiden.
- Den Brokkoli in Röschen zerteilen und kleinschneiden.
- Die Frühlingszwiebeln putzen und kleinschneiden.

Zubereitung
- Das Öl in einer beschichteten Sauteuse erhitzen und die Zwiebeln und den Speck bei mittlerer Hitze darin anbräunen. Das Gemüse und den Estragon hinzufügen und den Wein angießen. Umrühren und das Ganze zugedeckt 15 Min. bei geringer Hitze köcheln lassen.
Anschließend mit Salz und Pfeffer abschmecken.

Fertigstellung
- Den Backofen auf 180 °C (160 °C Umluft) vorheizen.
- Die Haschee-Mischung auf 6 Gläser verteilen und 5 Min. im Backofen garen.
- Das Gourmet-Haschee warm als Beilage zu weißem Fleisch oder gegrilltem Fisch servieren.

Sophies Tipp
Anstelle von frischem Gemüse können Sie auch tiefgekühltes nehmen.

Serviervorschlag
Dekorieren Sie die Gläser mit Klebeband.
Sie können dieses Haschee auch mit anderem Gemüse (Erbsen, Radieschen, grüne Bohnen, Cocktailtomaten ...) zubereiten. Achten Sie dabei aber auf eine möglichst große Farbenvielfalt.

Äpfel und Spekulatius

Für 4 Personen

4 Äpfel (Golden Delicious oder Boskop)

80 g Spekulatius

30 g Butter

40 g Puderzucker

1 TL gemahlener Zimt (nach Belieben)

40 g Sultaninen oder Korinthen

2 Eier

Vorbereitung
- Die Äpfel schälen und in Würfel schneiden.
- Den Spekulatius fein mahlen.

Zubereitung
- In einer beschichteten Sauteuse die Butter mit dem Zucker zerlassen. Die Äpfel und den Zimt hineingeben und 5 Min. bei mittlerer Hitze goldgelb braten.

Fertigstellung
- Den Backofen auf 180 °C (160 °C Umluft) vorheizen.
- In einer Schüssel die Äpfel mit dem Spekulatius, den Rosinen und den Eiern vermengen.
- Die Mischung auf 4 Gläser verteilen.
- 15 Min. backen.
- Das Gourmet-Haschee warm oder kalt mit einem leicht gesalzenen Karamelleis servieren.

Sophies Tipp
Anstelle der Äpfel eignen sich auch Birnen, Feigen oder Pflaumen.

Dazu passt ...
... eine Karamellsauce (Seite 167).

Erdbeeren und weiße Schokolade

Für 6 Personen

1 unbehandelte Limette
70 g Brioche (oder Hefebrot)
600 g Erdbeeren
150 g weiße Schokolade
½ TL gemahlene Vanille
1 EL Zucker
2 Eier

Vorbereitung
- Die Limettenschale abreiben und den Saft auspressen.
- Die Brioche fein mahlen.
- Die Erdbeeren kleinschneiden.
- Die Schokolade raspeln.

Zubereitung und Fertigstellung
- Den Backofen auf 180 °C (160 °C Umluft) vorheizen.
- In einer Schüssel die Erdbeeren mit der Schokolade, der gemahlenen Vanille, dem Zucker, der Limettenschale und dem Limettensaft, der Brioche und den Eiern vermengen.
- Die Mischung auf 6 Gläser verteilen.
- 15 Min. backen.
- Das Gourmet-Haschee kalt servieren.

Sophies Tipp
Die Erdbeeren können Sie auch durch andere Früchte Ihrer Wahl (Himbeeren, Pfirsiche …) ersetzen.

Serviervorschlag
Mit einem Sparschäler Späne von einer Tafel weißer Schokolade abhobeln und das erkaltete Dessert damit dekorieren.

Dazu passt ...
... ein Erdbeercoulis (Seite 166).

Blaubeeren und Zitrone

Für 4 Personen

1 Zitrone

80 g Butterkekse

250 g Blaubeeren
(frisch oder tiefgefroren)

20 g Puderzucker

2 Eier

Vorbereitung
- Die Zitrone auspressen.
- Die Kekse fein mahlen.

Zubereitung und Fertigstellung
- Den Backofen auf 180 °C (160 °C Umluft) vorheizen.
- Die Blaubeeren in einer Schüssel mit dem Zucker, dem Zitronensaft, den Keksen und den Eiern vermengen.
- Die Mischung auf 4 Gläser verteilen.
- 15 Min. backen.
- Das Gourmet-Haschee lauwarm mit Vanilleeis servieren.

Sophies Tipp
Tiefgefrorene Blaubeeren vor der Zubereitung nicht auftauen.

Serviervorschlag
Die Gläser mit hübschen Bändern umwickeln.

Dazu passt ...
... eine Vanillesauce (Seite 166).

Für kleine Formen

Auf originelle Weise lassen sich die Haschees nicht nur in Gläsern, sondern auch in kleinen Formen aller Art zubereiten und servieren. Kleine Formen haben darüber hinaus den Vorteil, dass die Garzeit kürzer ist.

Sehen Sie sich in Ihrer Küche nach geeigneten Gefäßen (Auflaufförmchen, Töpfchen …) um oder greifen Sie auf die praktischen Silikonbackformen (Mini-Muffinformen, Madeleineformen, Törtchenformen) zurück, die man nicht einfetten muss und die in den unterschiedlichsten Formen erhältlich sind.

Sie haben allerdings den Nachteil, dass sie biegsam sind. Um Unglücksfälle zu vermeiden, stellen Sie die Formen zum Füllen und zum Transportieren am besten auf ein Lochblech aus Aluminium. Und denken Sie daran, die Speisen nach dem Garen erst etwas abkühlen zu lassen, bevor Sie sie aus der Form stürzen.

 Apéritif   Hauptgericht, Buffet, Picknick   Beilage

 Wie eine Terrine

 Kinder lieben es

 Dessert, zum Kaffee

Schinken mit Chicorée und Roquefort

Für 6 Personen

6 Chicoréesprossen
50 g Walnusskerne
700 g gekochter Schinken
100 g Butter
Saft einer Zitrone
1 TL Puderzucker
Salz & frisch gemahlener Pfeffer
100 g Roquefort
2 Eier
50 g Paniermehl

Vorbereitung
- Die Chicoréesprossen der Länge nach halbieren, den Strunk herausschneiden und die Blätter fein schneiden.
- Die Walnüsse grob hacken.
- Den Schinken fein hacken.

Zubereitung
- Die Butter in einer beschichteten Sauteuse zerlassen. Den Chicorée, den Zitronensaft und den Zucker hinzufügen und mit Salz und Pfeffer würzen.
- Umrühren, den Deckel auf legen und 20 Min. bei geringer Hitze köcheln lassen.

Fertigstellung
- Den Backofen auf 180 °C (160 °C Umluft) vorheizen.
- In einer Schüssel den Schinken rasch mit dem Chicorée, den Walnüssen, dem zerkrümelten Roquefort, den Eiern und dem Paniermehl vermengen.
- Abschmecken und gegebenenfalls noch etwas nachwürzen.
- Die Mischung auf beliebige Förmchen verteilen.
- Ich nehme für dieses Rezept immer eine Form mit 12 Mini-Tartelette-Mulden.
- Die Gourmet-Haschees 10 Min. im Backofen garen.
- Aus der Form stürzen und warm oder kalt servieren.

Sophies Tipp
Damit der Chicorée nicht bitter schmeckt, unbedingt das bittere weiße Herz über dem Strunk entfernen. Chicoree nicht waschen, sondern nur mit einem Tuch abreiben.

Serviervorschlag
In ein Chicoréeblatt 2 kleine Löcher bohren und 1 langen Schnittlauchstängel durch die Löcher ziehen. Das Haschee auf das Blatt stürzen, das Blatt darüber zusammenschlagen und mit dem Schnittlauch zubinden.

Dazu passt ...
... eine Zitronensauce (Seite 165).

Jakobsmuscheln mit Mimolette

Für 6 Personen

18 Jakobsmuscheln ohne Rogen

200 g Mimolette*, Gouda oder Cheddar

10 Cocktailtomaten

3 EL Schnittlauchröllchen

2 Eier

50 g Paniermehl

Salz & frisch gemahlener Pfeffer

Vorbereitung

- Die Jakobsmuscheln in Würfel schneiden.
- Den Käse ebenfalls würfeln.
- Die Tomaten kleinschneiden.

Zubereitung und Fertigstellung

- Den Backofen auf 200 °C (180 °C Umluft) vorheizen.
- Jakobsmuscheln in einer Schüssel mit Käse, Tomaten, Schnittlauch, Eiern und Paniermehl vermengen.
- Die Mischung anschließend je nach Bedarf mit Salz und Pfeffer abschmecken.
- Das Ganze auf 6 Porzellanlöffel verteilen und 2 Min. im Backofen garen.
- Das Gourmet-Haschee warm oder kalt mit geröstetem Brot servieren.

Sophies Tipp

Tiefgekühlte Jakobsmuscheln zum Auftauen in eine Mischung aus gleichen Teilen Wasser und Milch legen, damit sie weich bleiben.

Serviervorschlag

Die Haschees nach dem Garen jeweils mit 1 Cocktailtomate garnieren, mit Olivenöl beträufeln, auf einer Scheibe geröstetem Baguette anrichten und mit Schnittlauch bestreuen oder die Löffel auf einem Holzbrett anrichten und auf einem mit Kieselsteinen, Sand und Muschelschalen dekorierten Tisch servieren.

Dazu passt …

… eine Tomatenmayonnaise (Seite 165).

Garnelen und Spargel

Für 6 Personen

12 Stangen weißer Spargel +
3 Stangen zum Garnieren

24 geschälte und gekochte
Tiefseegarnelen

3 Strauchtomaten

200 g Sahne

1 Zitrone

1 TL milder Senf

Salz & frisch gemahlener Pfeffer

200 g tiefgefrorene Erbsen

2 EL fein geschnittenes
Basilikum

2 Eier

50 g Paniermehl

Vorbereitung

- Den Spargel mit einem Sparschäler schälen (dabei an der Spitze beginnen) und 12 Min. in Salzwasser kochen. Anschließend vorsichtig herausnehmen, abtropfen lassen und klein schneiden.
- Die Garnelen ebenfalls kleinschneiden.
- Die Tomaten mit dem Tomatenschäler schälen und anschließend entkernen.

Zubereitung

- Die Sahne mit dem Zitronensaft und dem Senf steifschlagen und mit Salz und Pfeffer würzen.
- In einer Schüssel den Spargel und die Garnelen mit den Tomaten, den Erbsen und dem Basilikum mischen.
- Die Sahne hinzufügen, umrühren und noch einmal abschmecken.

Fertigstellung

- Den Backofen auf 180 °C (160 °C Umluft) vorheizen.
- Die Eier und das Paniermehl untermengen.
- Das Ganze auf beliebige Förmchen verteilen.
- Für dieses Gourmet-Haschee nehme ich gerne eine Form mit 8 würfelförmigen Mulden.
- 20 Min. im Backofen garen.
- Aus der Form stürzen und warm oder kalt servieren.

Sophies Tipp

Vielleicht haben Sie sich schon einmal gefragt, was die Zahlen auf der Verpackung von Tiefkühlgarnelen bedeuten. Sie geben an, wie viele Garnelen eine 500-g-Packung enthält. 16/20 heißt beispielsweise, dass die Packung 16 bis 20 Garnelen enthält. Je höher die Zahl ist, desto kleiner sind die Garnelen.

Serviervorschlag

Die Haschees mit einem Band aus Tomatenschale verzieren und 1 Basilikumblatt und ½ Spargelspitze mit einem Zahnstocher daran feststecken.

Dazu passt …

… eine Leichte Kräutermayonnaise (Seite 165).

Blutwurst

Für 6 Personen

200 g Blutwurst

400 g Schweinefilet

2 Zwiebeln

3 Äpfel

2 EL Sonnenblumenöl

20 g Butter

100 g Räucherspeck, in feine Streifen geschnitten

1 EL Puderzucker

2 EL Balsamico-Essig

2 Eier

50 g Paniermehl

Salz & frisch gemahlener Pfeffer

Vorbereitung

- Die Blutwurst pellen und zerdrücken.
- Das Schweinefilet hacken.
- Die Zwiebeln schälen und fein schneiden.
- Die Äpfel schälen und kleinschneiden.

Zubereitung

- Das Öl und die Butter in einer beschichteten Sauteuse erhitzen und die Zwiebeln und den Speck mit dem Zucker 5 Min. bei mittlerer Hitze darin anbräunen. Den Essig und 250 ml Wasser hinzufügen und das Ganze 25 Min. köcheln lassen. Anschließend die Äpfel dazugeben und umrühren.

Fertigstellung

- Das Schweinefleisch und die Blutwurst mit der Zwiebel-Speck-Mischung, den Eiern und dem Paniermehl vermengen.
- Mit Salz und Pfeffer abschmecken. Den Backofen auf 180 °C (160 °C Umluft) vorheizen.
- Die Mischung auf eine Mini-Muffinform verteilen.
- Ich habe dieses Gourmet-Haschee in einer 20er-Mini-Muffinform gemacht. Das sieht großartig aus.
- 15 Min. im Backofen garen.
- Die Gourmet-Haschees warm oder kalt servieren.

Sophies Tipp

Ich bevorzuge die Apfelsorte Pink Lady, die beim Kochen nicht so leicht zerfällt. Es handelt sich dabei um eine Kreuzung aus den Sorten Lady Williams und Golden Delicious.

Serviervorschlag

Die Haschees jeweils in ein Salatblatt einschlagen, das Sie mit einem Band aus Apfelschale befestigen.

Dazu passt ...

... ein Zwiebel-Confit (Seite 166) oder eine Apfel-Lauch-Sauce (Seite 164).

Ente mit Ananas

Für 6 Personen

800 g Entenbrustfilets

4 Frühlingszwiebeln

1 Viktoria-Ananas

1 EL Instant-Geflügelfond

400 ml Kokosmilch

2 EL Currypaste

Saft und abgeriebene Schale von 1 unbehandelten Zitrone

½ Dose geschälte Tomaten (400 g Abtropfgewicht)

2 EL gehacktes Koriandergrün

2 Eier

50 g Paniermehl

Salz & frisch gemahlener Pfeffer

Vorbereitung

- Die Entenbrustfilets vom Fett befreien und hacken.
- Die Frühlingszwiebeln putzen und fein schneiden.
- Die Ananas schälen, den holzigen Kern entfernen und das Fruchtfleisch kleinschneiden.
- Den Instant-Geflügelfond in 300 ml kochendem Wasser auflösen.

Zubereitung

- Die Kokosmilch mit der Currypaste in eine beschichtete Sauteuse geben, gut verrühren, aufkochen und 5 Min. bei geringer Hitze köcheln lassen.
- Den Geflügelfond angießen und die Frühlingszwiebeln, die Zitronenschale, den Zitronensaft, die Tomaten und die Ananas hinzufügen.
- Aufkochen und nochmals 15 Min. bei geringer Hitze köcheln lassen.

Fertigstellung

- Den Backofen auf 180 °C (160 °C Umluft) vorheizen.
- Das Fleisch in einer Schüssel mit Tomaten-Ananas-Mischung, dem Koriander, den Eiern und dem Paniermehl vermengen.
- Die Mischung anschließend je nach Bedarf mit Salz und Pfeffer abschmecken.
- Das Ganze auf beliebige Formen verteilen.
- Ich bevorzuge für dieses Gourmet-Haschee eine Form mit 6 runden Mulden.
- 15 Min. im Backofen garen.
- Die Gourmet-Haschees warm oder kalt mit Reis servieren.

Serviervorschlag

Den Reis in leeren Kokosnusshälften anrichten und mit gehacktem Koriandergrün bestreuen.

Pute mit grünen Bohnenkernen

Für 6 Personen

700 g Putenfilet

6 dünne Scheiben Frühstücksspeck

2 Schalotten

1 TL Instant-Gemüsebrühe

2 EL Olivenöl

20 g Butter

500 g grüne Bohnenkerne (tiefgekühlt)

Saft einer ½ Zitrone

100 g Sahne

1 EL Bohnenkraut (oder Majoran)

2 Eier

50 g Paniermehl

Salz & frisch gemahlener Pfeffer

Vorbereitung

- Das Putenfilet und den Frühstücksspeck kleinschneiden.
- Die Schalotten schälen und hacken.
- Die Instant-Gemüsebrühe in 200 ml kochendem Wasser auflösen.

Zubereitung

- Das Öl und die Butter erhitzen und die Schalotten 5 Min. bei geringer Hitze darin andünsten. Anschließend die Bohnenkerne und den Zitronensaft hinzufügen. Flüssige Sahne und Bohnenkraut dazugeben, die Gemüsebrühe angießen und das Ganze 15 Min. bei geringer Hitze köcheln lassen.

Fertigstellung

- Den Backofen auf 180 °C (160 °C Umluft) vorheizen.
- Das Putenfleisch und den Frühstücksspeck in einer Schüssel mit den Bohnen, den Eiern und dem Paniermehl vermengen.
- Die Mischung anschließend je nach Bedarf mit Salz und Pfeffer abschmecken.
- Das Ganze auf kleine Auflaufformen verteilen und 20 Min. im Backofen garen.
- Die Gourmet-Haschees heiß servieren.

Sophies Tipp

Um 250 g frische Bohnenkerne zu erhalten, benötigen Sie 1,8 kg ganze Bohnen.

Die Häutchen lassen sich leichter abziehen, wenn man die Bohnenkerne zunächst 30 Sek. in kochendes Wasser legt und sie anschließend in Eiswasser abschreckt.

Dazu passt ...

... ein Kräutercoulis (Seite 166).

Seeteufel mit Cashewkernen

Für 6 Personen

2 Zwiebeln
2 Knoblauchzehen
1 EL Vier-Gewürze-Pulver*
1 Kapsel Safranpulver
200 g Sahne
100 g Cashewkerne
700 g Seeteufelbacken
2 EL Sonnenblumenöl
3 EL gehacktes Koriandergrün
2 Eier
50 g Paniermehl
Salz & frisch gemahlener Pfeffer

Vorbereitung

- Die Zwiebeln und den Knoblauch schälen und hacken.
- In einer kleinen Schüssel das Vier-Gewürze-Pulver* und den Safran mit der Sahne verrühren.
- Die Cashewkerne grob hacken.
- Cashewkerne in einer beschichteten Pfanne ohne Zugabe von Fett rösten (Vorsicht, das geht sehr schnell!).
- Die Seeteufelbacken kleinschneiden.

Zubereitung

- Das Öl in einer beschichteten Sauteuse erhitzen und die Zwiebeln und den Knoblauch zugedeckt 5 Min. bei geringer Hitze darin andünsten.
Die Sahne und die Cashewkerne einrühren und das Ganze 5 Min. bei geringer Hitze köcheln lassen.

Fertigstellung

- Den Backofen auf 180 °C (160 °C Umluft) vorheizen.
- In einer Schüssel den Fisch mit der Sahne-Nuss-Mischung, dem Koriander, den Eiern und dem Paniermehl vermengen.
- Die Mischung anschließend je nach Bedarf mit Salz und Pfeffer abschmecken.
- Das Ganze gleichmäßig auf beliebige ofenfeste Behältnisse verteilen. Für dieses Haschee nehme gerne eine 12er Mini-Muffinform, bei der die Mulden wie Blüten geformt sind.
- 15 Min. im Backofen garen.
- Die Gourmet-Haschees heiß mit Basmatireis servieren.

Sophies Tipp

Denken Sie daran, die Seeteufelbäckchen bei Ihrem Fischhändler vorzubestellen. Schließlich hat der Seeteufel, genau wie wir, nur zwei Backen. Manchmal, allerdings nur auf Bestellung, bekommen Sie auch die köstlichen Rochenbacken.

Dazu passt …

… eine Rosa Joghurtsauce (Seite 165).

Lamm mit Minze

Für 6 Personen

800 g Lammschulter

2 Knoblauchzehen

3 Schalotten

2 EL Olivenöl

20 g Butter

4 EL fein geschnittene Minze

2 Eier

50 g Paniermehl

Salz & frisch gemahlener Pfeffer

Vorbereitung
- Das Fleisch hacken.
- Den Knoblauch und die Schalotten schälen und hacken.

Zubereitung
- Das Öl und die Butter erhitzen und die Schalotten und den Knoblauch 5 Min. bei geringer Hitze darin anbraten.

Fertigstellung
- Den Backofen auf 180 °C (160 °C Umluft) vorheizen.
- Das Fleisch in einer Schüssel mit den Schalotten, der Minze, den Eiern und dem Paniermehl vermengen.
- Mit Salz und Pfeffer abschmecken.
- Die Mischung auf beliebige ofenfeste Förmchen verteilen. Ich nehme für dieses Gourmet-Haschee gerne eine Silikonform mit 6 »Tarte Tatin«-Mulden.
- 20 Min. im Backofen garen.
- Die Gourmet-Haschees aus der Form stürzen und heiß mit Pita-Brot, Polenta oder einem libanesischen Tabouleh* servieren.

Sophies Tipp
Minze lässt sich bis zu 1 Woche frisch halten, wenn man sie ungewaschen in einem Plastikbeutel im Kühlschrank aufbewahrt.

Dazu passt ...
... eine Joghurtsauce (Seite 165).

Hähnchen mit Ratatouille

Für 6 Personen

750 g fertiges Ratatouille
Salz & frisch gemahlener Pfeffer
800 g Hähnchenfleisch
1 EL Kräuter der Provence
2 Eier
50 g Paniermehl

Vorbereitung
- Das Hähnchenfleisch hacken.

Zubereitung
- Das Rataouille in einer beschichteten Sauteuse vorsichtig erhitzen und abschmecken.
- Gegebenenfalls mit Salz und Pfeffer nachwürzen.

Fertigstellung
- Den Backofen auf 180 °C (160 °C Umluft) vorheizen.
- In einer Schüssel das Hähnchenfleisch mit dem Ratatouille, den Kräutern, den Eiern und dem Paniermehl behutsam vermengen.
- Die Mischung anschließend je nach Bedarf mit Salz und Pfeffer abschmecken.
- Das Ganze auf beliebige ofenfeste Förmchen verteilen. Ich nehme für dieses Gourmet-Haschee gerne eine Silikonform mit 12 quadratischen Mulden.
- 15 Min. im Backofen garen.
- Die Gourmet-Haschees aus der Form stürzen und warm oder kalt mit einem grünen Salat oder einem Tomatensalat servieren.

Sophies Tipp
Nehmen Sie am besten ein ganzes Hähnchen. Dessen Fleisch ist zarter und schmackhafter als fertig abgepackte Hähnchenbrüste.

Dazu passt ...
... ein Tomatencoulis (Seite 166).

Rindfleisch mit Kräutern

Für 6 Personen

1 Bund Petersilie

1 Bund Kerbel

1 Bund Schnittlauch
(Sie benötigen insg. 20 EL gehackte Kräuter)

2 Schalotten

800 g Rinderhackfleisch

3 EL Olivenöl

2 Eier

50 g Paniermehl

Salz & frisch gemahlener Pfeffer

Vorbereitung

- Die Petersilien- und Kerbelblättchen abzupfen und sämtliche Kräuter fein hacken.
- Die Schalotten schälen und hacken.

Fertigstellung

- Den Backofen auf 180 °C (160 °C Umluft) vorheizen.
- Das Hackfleisch mit den Kräutern, dem Olivenöl, den Schalotten, den Eiern und dem Paniermehl vermengen.
- Die Mischung anschließend je nach Bedarf mit Salz und Pfeffer abschmecken.
- Das Ganze auf 6 beschichtete Tortelettförmchen verteilen und 10 Min. im Backofen garen.
- Aus den Formen stürzen und mit Kräutern garnieren.
- Heiß mit einem Salat oder mit Bratkartoffeln servieren.

Sophies Tipp

Probieren Sie das Rezept auch einmal mit Thunfisch. Schmeckt ebenfalls köstlich!

Dazu passt ...

... Ketchup oder Sojasauce.

Schinken und Hörnchennudeln

Für 6 Personen

450 g gekochter Schinken

700 g gekochte Hörnchennudeln
(oder 250 g ungekochte)

2 EL Crème fraîche

150 g geriebener Greyerzer

2 EL Ketchup

6 Eier

50 g Paniermehl

Salz & frisch gemahlener Pfeffer

Vorbereitung
- Den Schinken kleinschneiden.

Zubereitung und Fertigstellung
- Den Backofen auf 180 °C (160 °C Umluft) vorheizen.
- In einer Schüssel den Schinken mit den gekochten Nudeln, der Crème fraîche, dem Greyerzer, dem Ketchup, den Eiern und dem Paniermehl mischen.
- Die Mischung anschließend je nach Bedarf mit Salz und Pfeffer abschmecken.
- Das Ganze auf 6 kleine feuerfeste Schüsseln verteilen und 20 Min. im Backofen garen.
- Die Schinkennudeln mit einem Salat servieren.

Sophies Tipp
Die Schinkennudeln sind das ideale Gericht für eine Kinderparty. Auch die Zubereitung ist wirklich kinderleicht.

Serviervorschlag
Basteln Sie Segel aus Papier und Holzspießen, beschriften Sie diese mit den Vornamen der Kinder und stecken Sie sie als Tischkarten in die Nudeln.

Dazu passt ...
... eine Champignonsauce (Seite 165).

Spinat mit Ricotta

Für 6 Personen

1 kg tiefgekühlter Blattspinat
(= etwa 350 g abgetropfter Spinat)

60 g Pinienkerne

200 g Ricotta

2 EL flüssige Crème fraîche*

½ TL geriebene Muskatnuss

2 Eier

50 g Paniermehl

Salz & frisch gemahlener Pfeffer

Vorbereitung

- Den Spinat bei Zimmertemperatur auftauen lassen, anschließend gut mit den Händen ausdrücken, bis alle Flüssigkeit ausgetreten ist. Anschließend hacken.
- Die Pinienkerne ohne Zugabe von Fett in einer beschichteten Pfanne rösten (Vorsicht, das geht sehr schnell!).

Zubereitung

- Den Backofen auf 180 °C (160 °C Umluft) vorheizen.
- Spinat in einer Schüssel mit Ricotta, Crème fraîche, Pinienkernen, Muskat, Eiern und Paniermehl vermengen.
- Die Mischung anschließend je nach Bedarf mit Salz und Pfeffer abschmecken.
- Die Mischung auf beliebige Formen verteilen. Ich benutze für dieses Rezept gerne ein Blech mit 12 Mulden in Blumenform.
- 15 Min. im Backofen garen.
- Die Gourmet-Haschees aus der Form stürzen und heiß zu weißem Fleisch oder Geflügel servieren.

Sophies Tipp

Den Ricotta durch Gorgonzola ersetzen.

Man sagt, Spinat schmecke noch besser, wenn man beim Kochen 1 Prise Zucker hinzufügt. Probieren Sie es doch einmal aus!

Dazu passt ...

... eine Haselnusssauce (Seite 164).

Artischocken mit Mandeln

Für 6 Personen

2 Knoblauchzehen

2 Schalotten

12 Artischockenböden (aus dem Glas)

100 g geschälte Mandeln

300 ml Weißwein

4 EL gehackte Kräuter (Kerbel, Petersilie, Minze)

Saft einer Zitrone

2 EL Olivenöl

2 Eier

50 g Paniermehl

Salz & frisch gemahlener Pfeffer

Vorbereitung
- Den Knoblauch und die Schalotten schälen und hacken.
- Die Artischockenböden kleinschneiden.
- Die Mandeln in einer beschichteten Pfanne rösten (Vorsicht, das geht sehr schnell!) und anschließend grob hacken.

Zubereitung
- Den Weißwein mit den Schalotten und den Kräutern in einer beschichteten Sauteuse bei starker Hitze reduzieren, bis der Wein fast vollständig verdunstet ist. Anschließend den Zitronensaft, die Mandeln und den Knoblauch hinzufügen.

Fertigstellung
- Den Backofen auf 180 °C (160 °C Umluft) vorheizen.
- Die Artischockenböden mit der Schalotten-Mandel-Mischung, dem Olivenöl, den Eiern und dem Paniermehl mischen.
- Die Mischung anschließend je nach Bedarf mit Salz und Pfeffer abschmecken.
- Das Ganze auf 6 feuerfeste Teetassen verteilen und 10 Min. im Backofen garen.

Sophies Tipp
Wenn Sie frische Artischocken nehmen, die Stiele nicht abschneiden, sondern herausbrechen. So bleibt am Boden kein Heu zurück.

Serviervorschlag
Richten Sie die Tassen in dekorativen, mit Kräutern und Mandeln gefüllten Papierschalen an.

Dazu passt ...
... eine Mandelsauce mit Kräutern (Seite 166).

Kirsche und Pistazien

Für 6 Personen

500 g entsteinte Kirschen (frisch oder aus dem Glas)

30 g ungesalzene Pistazien

80 g Quatre-quarts* (oder Sandkuchen)

40 g Puderzucker

20 g gemahlene Mandeln

1 EL Mandellikör

2 Eier

Vorbereitung

- Die Kirschen kleinschneiden und die Pistazien hacken.
- Den Quatre-quarts* fein mahlen.

Zubereitung und Fertigstellung

- Den Backofen auf 200 °C (180 °C Umluft) vorheizen.
- Die Kirschen in einer Schüssel mit dem Puderzucker, den gemahlenen Mandeln, dem Mandellikör, den Pistazien, den Eiern und dem Quatre-quarts* mischen.
- Die Mischung auf beliebige ofenfeste Förmchen verteilen. Ich nehme für dieses Dessert gerne ein Blech mit 12 Mulden in der Form von Halbkugeln.
- 15 Min. backen.
- Die Gourmet-Hachees aus der Form stürzen und warm oder kalt zu einem Obstsalat oder zu Eiscreme servieren.

Sophies Tipp

Anstelle des Quatre-quarts* können Sie auch Madeleines nehmen.

Serviervorschlag

Kirschen unter kleine Gläser legen und die Haschees auf den umgedrehten Gläsern anrichten.

Dazu passt ...

... eine Vanillesauce (Seite 166).

Zwetschgen mit Pastis

Für 6 Personen

500 g Zwetschgen
(oder Mirabellen)

80 g Honigkuchen

40 g Rohrzucker

20 g gemahlene Mandeln

2 EL Pastis

2 Eier

Vorbereitung

- Die Zwetschgen entsteinen und kleinschneiden.
- Den Honigkuchen fein mahlen.

Zubereitung und Fertigstellung

- Den Backofen auf 180 °C (160 °C Umluft) vorheizen.
- Die Zwetschgen in einer Schüssel mit dem Zucker, den Mandeln, dem Pastis, den Eiern und dem Honigkuchen mischen.
- Die Mischung auf beliebige ofenfeste Förmchen verteilen. Ich nehme dafür gerne ein Blech mit 9 Mini-Muffinformen.
- 20 Min. backen.
- Abkühlen lassen und aus der Form stürzen.
- Die Gourmet-Haschees warm oder kalt mit einer Kugel Vanilleeis oder Chantilly-Sahne (Seite 167) servieren.

Sophies Tipp

Wenn Sie Honigkuchen übrig haben, können Sie die Reste einfrieren. Schneiden Sie den Kuchen vorher aber in Scheiben und frieren ihn in kleinen Portionen ein. So haben Sie immer die richtige Menge zur Hand.

Serviervorschlag

Legen Sie hübsch bedruckte Papierschalen in die Formen, bevor Sie den Teig einfüllen.

Dazu passt ...

... eine Vanillesauce (Seite 166).

Himbeernougat

Für 6 Personen

30 g weißer Nougat
80 g Biscuits roses de Reims*
500 g Himbeeren
20 g Puderzucker
2 Eier

Vorbereitung
- Den Nougat mit einer Schere kleinschneiden.
- Die Biscuits roses* fein mahlen.

Zubereitung und Fertigstellung
- Den Backofen auf 180 °C (160 °C Umluft) vorheizen.
- In einer Schüssel die Himbeeren mit dem Zucker, dem weißen Nougat, den Eiern und den Biscuits roses* mischen.
- Die Mischung auf beliebige ofenfeste Förmchen verteilen, zum Beispiel Mini-Kuchenformen oder Mini-Terrinen.
- 15 Min. backen.
- Die Gourmet-Haschees warm oder kalt servieren.

Sophies Tipp
Den Nougat durch Calissons* ersetzen.

Dazu passt ...
... ein Himbeercoulis (Seite 166) oder eine Vanillesauce (Seite 166).

Für Dessert-ringe

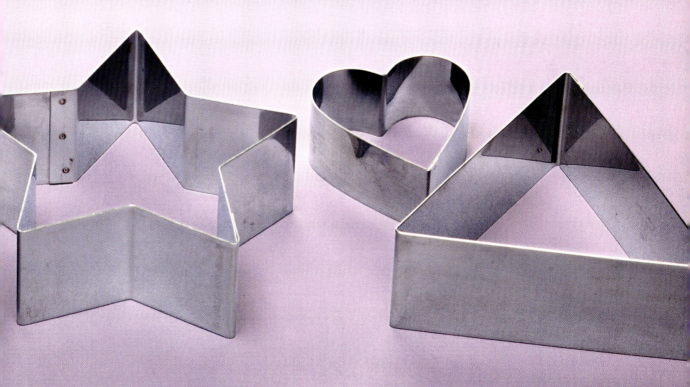

Die praktischen Ringe aus Edelstahl sind für mich inzwischen beinahe unverzichtbar.

Obwohl sie Ringe heißen, sind sie keinesfalls immer rund. Dessertringe werden in den unterschiedlichsten Formen angeboten und sind ebenso für die Kühltruhe wie für den Backofen geeignet.

Von der Vorspeise bis zum Dessert – Ihrer Fantasie sind bei der Kombination von Formen, Farben und Zutaten keine Grenzen gesetzt.

Und die Haschees sind im Handumdrehen fertig: nur einfüllen, gut andrücken, den Ring abnehmen und das nächste herstellen.

Statt in kleinen Einzelportionen können Sie aber auch eine große Portion in einem Tortenring herstellen.

Wenn Sie das Gericht im Ring garen, nach dem Garen oder Backen mit der Spitze eines kleinen Messers am Rand entlangfahren und den Ring vorsichtig abnehmen.

 Apéritif    Hauptgericht, Buffet, Picknick   Beilage

 Wie eine Terrine

 Kinder lieben es

 Dessert, zum Kaffee

Saltimbocca

Für Dessertringe

Für 6 Personen

700 g Kalbsschnitzel
200 g Mozzarella
6 Scheiben Frühstücksspeck
6 Salbeiblätter
1 Glas Tomatensauce mit Basilikum (400 ml)
2 Eier
50 g Paniermehl
Salz & frisch gemahlener Pfeffer

Vorbereitung
- Das Fleisch hacken.
- Den Mozzarella kleinschneiden.
- Den Frühstücksspeck ebenfalls kleinschneiden.
- Den Salbei fein schneiden.

Zubereitung und Fertigstellung
- Den Backofen auf 180 °C (160 °C Umluft) vorheizen.
- Das Fleisch in einer Schüssel mit Frühstücksspeck, Tomatensauce, Salbei, Mozzarella, Eiern und Paniermehl vermengen.
- Das Ganze anschließend je nach Bedarf mit Salz und Pfeffer abschmecken.
- Die fertige Mischung auf einem Blech auf 6 kreisförmige Dessertringe verteilen.
- 20 Min. im Backofen garen.
- Das Gourmet-Haschee heiß zu frischen Nudeln servieren.

Sophies Tipp
Ich verwende am liebsten das besonders zarte Kalbssteak. Allerdings ist dieses Fleisch nur schwer zu bekommen. Deshalb sollten Sie es am besten immer bei Ihrem Metzger vorbestellen.

Serviervorschlag
Die Dessertringe vor dem Garen abnehmen und die Saltimboccas mit einer Scheibe magerem geräuchertem Bauchspeck umwickeln.

Dazu passt ...
... ein Tomatencoulis (Seite 166).

Für Dessertringe

Hähnchen mit Cashewkernen

Für 6 Personen

700 g Hähnchenbrust

4 Frühlingszwiebeln

2 Knoblauchzehen

100 g Cashewkerne

2 EL Sonnenblumenöl

3 EL Sojasauce

Saft einer Limette

100 ml Kokosmilch

3 EL gehackte Kräuter (Schnittlauch, Koriander)

2 Eier

50 g Paniermehl

Salz & frisch gemahlener Pfeffer

Vorbereitung

- Die Hähnchenbrust kleinschneiden.
- Die Frühlingszwiebeln putzen, den Knoblauch schälen.
- Frühlingszwiebeln, Knoblauch und Cashewkerne hacken.

Zubereitung

- Das Öl in einer beschichteten Sauteuse erhitzen und die Zwiebeln und den Knoblauch 5 Min. bei geringer Hitze darin anbraten. Die Sojasauce, den Limettensaft, die Cashewkerne und die Kokosmilch hinzufügen. Das Ganze 10 Min. bei geringer Hitze köcheln lassen.

Fertigstellung

- Den Backofen auf 180 °C (160 °C Umluft) vorheizen.
- In einer Schüssel das Fleisch mit der Zwiebelmischung, den Kräutern, den Eiern und dem Paniermehl vermengen.
- Anschließend je nach Bedarf mit Salz und Pfeffer abschmecken.
- Die fertige Mischung auf 6 rechteckige Dessertringe verteilen.
- 20 Min. im Backofen garen.
- Das Gourmet-Haschee heiß mit Reis servieren.

Sophies Tipp

Um eine Kokosnuss zu öffnen, die »Augen« mit einem Korkenzieher oder einem Schraubenzieher durchbohren und das Wasser herauslaufen lassen. Die Kokosnuss 10 Min. in den 210 °C (Umluft 190 °C) heißen Backofen legen. Sie müsste dann von selbst in zwei Hälften zerfallen. So müssen Sie nicht zum Hammer oder wie Kreolen gar zur Machete greifen.

Serviervorschlag

Mit einem Sparschäler Späne vom Kokosfleisch abhobeln und die Haschees damit garnieren.

Dazu passt ...

... eine Cashew-Sauce (Seite 164).

Schwertfisch auf italienische Art

Für 6 Personen

700 g Schwertfischfilet

1 Knoblauchzehe

12 getrocknete Tomaten

12 entsteinte schwarze Oliven

125 g Feta

2 EL Olivenöl

200 g grüne und rote Paprikaschote, fein gewürfelt

20 g Pinienkerne

3 EL fein geschnittenes Basilikum

50 g geriebener Parmesan

2 Eier

50 g Paniermehl

Salz & frisch gemahlener Pfeffer

Vorbereitung

- Den Fisch kleinschneiden.
- Den Knoblauch schälen und hacken.
- Die Tomaten und die Oliven in kleine Würfel schneiden.
- Den Feta ebenfalls in kleine Würfel schneiden.

Zubereitung

- Das Olivenöl in einer beschichteten Sauteuse erhitzen und die Paprikawürfel mit dem Knoblauch zugedeckt 10 Min. darin dünsten.
- Die Pinienkerne bei starker Hitze ohne Zugabe von Fett rösten (Vorsicht, das geht sehr schnell!).
- Die Paprika-Knoblauch-Mischung dazugeben.

Fertigstellung

- Den Backofen auf 200 °C (180 °C Umluft) vorheizen.
- Den Schwertfisch mit der Paprika-Pinienkern-Mischung, dem Basilikum, dem Parmesan, den Oliven, dem Feta, den Tomaten, den Eiern und dem Paniermehl vermengen.
- Die Mischung anschließend je nach Bedarf mit Salz und Pfeffer abschmecken.
- Das Ganze auf 6 ovale oder tropfenförmige Dessertringe verteilen.
- 5 Min. im Backofen garen.
- Das Gourmet-Haschee warm oder zimmerwarm mit einem Salat servieren.

Sophies Tipp

Den Schwertfisch durch Haifisch, Kaiserbarsch oder Grenadier ersetzen.

Dazu passt ...

... ein Pesto (Seite 164).

Für Dessertringe

Kulibiaka mit Lachs

Für 6 Personen

20 g Butter

200 g junger Spinat

150 g Champignons

2 Schalotten

150 g Langkornreis

700 g frisches Lachsfilet ohne Haut

3 hartgekochte Eier

2 EL Olivenöl

Saft und abgeriebene Schale einer unbehandelten Zitrone

Salz & frisch gemahlener Pfeffer

3 EL Crème double*

2 Eier

50 g Paniermehl

Vorbereitung

- Die Butter in einer beschichteten Sauteuse zerlassen und den Spinat bei mittlerer Hitze 3 Min. darin zusammenfallen lassen. Den Spinat anschließend gut auf Küchenpapier abtropfen lassen und hacken.
- Die Stielenden der Champignons abschneiden, die Pilze kurz unter kaltem Wasser waschen und klein schneiden.
- Die Schalotten schälen und hacken.
- Den Reis nach Packungsanweisung garen.
- Den Lachs entgräten und kleinschneiden.
- Die hartgekochten Eier pellen.

Zubereitung

- Das Öl in einer beschichteten Sauteuse erhitzen und die Champignons 8 Min. bei starker Hitze darin anbraten. Die Schalotten, den Zitronensaft und die -schale hinfügen, mit Salz und Pfeffer würzen und umrühren.

Fertigstellung

- Den Backofen auf 180 °C (160 °C Umluft) vorheizen.
- Den Lachs in einer Schüssel mit den Champignons, dem Spinat, den hartgekochten Eiern, dem Reis, der Crème double*, den Eiern und dem Paniermehl vermengen.
- Die Mischung anschließend je nach Bedarf mit Salz und Pfeffer abschmecken.
- Die Haschee-Masse gleichmäßig auf 6 kreisförmige Dessertringe verteilen.
- 15 Min. im Backofen garen.
- Das Gourmet-Haschee heiß mit einem Salat servieren.

Serviervorschlag

Das Haschee nach dem Garen zwischen zwei Blätterteigscheiben anrichten.

Dazu passt ...

... eine Senfsauce mit Curry (Seite 164).

Für Dessertringe

Eingelegte Ente mit Äpfeln

Für 6 Personen

6 eingelegte Entenkeulen
2 Zwiebeln
4 Äpfel (Golden Delicious)
1 EL Entenschmalz
Salz & frisch gemahlener Pfeffer
3 EL gehackte Petersilie
2 Eier
50 g Paniermehl

Vorbereitung

- Die Entenkeulen 1 Min. in die Mikrowelle geben, um die Fettschicht zu lockern. Die Haut und das Fett entfernen, das Fleisch von den Knochen lösen und kleinschneiden.
- Die Zwiebeln schälen und fein schneiden.
- Die Äpfel schälen und ebenfalls kleinschneiden.

Zubereitung

- Das Entenschmalz in einer beschichteten Sauteuse erhitzen und die Zwiebeln bei mittlerer Hitze 5 Min. darin anbraten. Anschließend die Äpfel hinzufügen. Abschmecken.
- Umrühren und 10 Min. köcheln lassen.

Fertigstellung

- Den Backofen auf 180 °C (160 °C Umluft) vorheizen.
- Das Entenfleisch mit der Apfel-Zwiebel-Mischung, der Petersilie, den Eiern und dem Paniermehl vermengen.
- Die Mischung anschließend je nach Bedarf mit Salz und Pfeffer abschmecken.
- Das Ganze auf 6 ovale Dessertringe verteilen.
- 10 Min. im Backofen garen.
- Das Gourmet-Haschee heiß mit knusprigen Bratkartoffeln oder Salat servieren.

Sophies Tipp

Die Äpfel durch Kartoffeln und die eingelegten Entenkeulen durch eingemachtes Schweinefleisch ersetzen.

Dazu passt ...

... eine Sahnige Schinkensauce mit Senf (Seite 164).

Kabeljau mit Möhren

Für 6 Personen

800 g Kabeljaufilet

2 Schalotten

2 Möhren

1 EL Sonnenblumenöl

Salz & frisch gemahlener Pfeffer

3 EL gehackte Kräuter (Petersilie, Kerbel, Dill, Schnittlauch)

1 TL gemahlener Ingwer

1 TL gemahlener Kreuzkümmel

Saft einer Zitrone

2 EL Sojasauce

2 Eier

50 g Paniermehl

Vorbereitung
- Das Kabeljaufilet kleinschneiden.
- Die Schalotten schälen und hacken.
- Die Möhren schaben und fein würfeln.

Zubereitung
- Das Öl in einer beschichteten Sauteuse erhitzen und die Schalotten 5 Min. bei geringer Hitze darin andünsten.
- Die Möhrenwürfel hinzufügen, zudecken und die Möhren 15 Min. weich garen.
- Abschmecken, Kräuter und Gewürze hinzufügen.

Fertigstellung
- Den Backofen auf 200 °C (180 °C Umluft) vorheizen.
- Den Kabeljau mit den Möhren, dem Zitronensaft, der Sojasauce, den Eiern und dem Paniermehl vermengen.
- Je nach Bedarf mit Salz und Pfeffer abschmecken.
- Das Ganze auf 6 runde Dessertringe verteilen.
- 10 Min. im Backofen garen.
- Das Gourmet-Haschee warm mit einem Salat servieren.

Sophies Tipp
Den Kabeljau durch Seehecht oder Seelachs ersetzen.

So verhindern Sie, dass Ihre Kabeljauschnitten beim Backen zerfallen: Den Fisch am Vortag kaufen, leicht mit Fleur de sel* bestreuen und in Frischhaltefolie verpacken. Den Fisch am nächsten Tag unter fließendem Wasser abspülen – und wie durch ein Wunder wird der Fisch nicht mehr zerfallen!

Dazu passt ...
... eine Sauce vierge (Seite 165) oder Sojasauce.

Taube mit Mandeln

Für 6 Personen

5 Tauben

3 Zwiebeln

100 g geschälte Mandeln

1 EL gemahlener Zimt

2 EL Sonnenblumenöl

50 g Butter

3 EL flüssiger Honig

3 EL gehackte Kräuter (Koriander, Petersilie)

2 Eier

50 g Paniermehl

Salz & frisch gemahlener Pfeffer

Vorbereitung

- Die Tauben entbeinen und das Fleisch hacken.
- Die Zwiebeln schälen und hacken.
- Die Mandeln ohne Zugabe von Fett in einer beschichteten Pfanne rösten (Vorsicht, das geht sehr schnell!). Anschließend hacken und mit dem Zimt bestreuen.

Zubereitung

- Das Öl und die Butter in einer beschichteten Sauteuse erhitzen und die Zwiebeln bei geschlossenem Deckel 5 Min. bei geringer Hitze darin andünsten.
Die Mandeln und den Honig hinzufügen und umrühren.

Fertigstellung

- Den Backofen auf 180 °C (160 °C Umluft) vorheizen.
- Das Taubenfleisch mit der Zwiebel-Mandel-Mischung, den Kräutern, den Eiern und dem Paniermehl vermengen.
- Die Mischung anschließend je nach Bedarf mit Salz und Pfeffer abschmecken.
- Das Ganze auf 6 sternförmige Dessertringe verteilen.
- 20 Min. im Backofen garen.
- Das Gourmet-Haschee mit Couscous servieren.

Sophies Tipp

Die Tauben durch Wachteln oder Hähnchen und den Honig durch Ahornsirup ersetzen.

Serviervorschlag

Brick-Blätter* mit Honig bestreichen, Sterne daraus ausstechen und die Haschees damit dekorieren.

Dazu passt ...

... eine Honig-Senf-Sauce (Seite 164).

Rinderlende mit Schalotten

Für 6 Personen

800 g Rinderlende

10 Schalotten

60 g Butter

150 ml Rotwein (z. B. Madiran* oder Boulaouane*)

Salz & frisch gemahlener Pfeffer

2 Eier

50 g Paniermehl

Vorbereitung
- Das Fleisch hacken.
- Die Schalotten schälen und fein schneiden.

Zubereitung
- Die Butter in einer beschichteten Sauteuse erhitzen und die Schalotten zugedeckt 10 Min. bei mittlerer Hitze darin dünsten. Dabei gelegentlich umrühren. Den Rotwein angießen.
- Bei starker Hitze um die Hälfte reduzieren.
- Mit Salz und Pfeffer würzen.

Fertigstellung
- Den Backofen auf 180 °C (160 °C Umluft) vorheizen.
- Das Fleisch in einer Schüssel mit den Schalotten, den Eiern und dem Paniermehl vermengen.
- Die Mischung anschließend je nach Bedarf mit Salz und Pfeffer abschmecken.
- Das Ganze auf 6 hohe Edelstahl-Dessertringe (7 x 9 cm) verteilen.
- 10 Min. im Backofen garen.
- Das Gourmet-Haschee heiß mit einem Salat servieren.

Sophies Tipp
Beim Anbraten von Schalotten 1 TL Salz hinzufügen.
So brennen sie nicht an.

Serviervorschlag
Die Ringe zur Hälfte mit Haschee und zur Hälfte mit Kartoffelpüree füllen.

Dazu passt ...
... eine Rotweinsauce (Seite 165).

Kalbskotelett mit Äpfeln

Für Dessertringe

Für 6 Personen

900 g Kalbskoteletts

2 Schalotten

2 Äpfel

200 g Andouille de Guémené*

300 g Champignons

2 EL Olivenöl

20 g Butter

2 EL gehackte Petersilie

2 EL Calvados

200 g Crème double*

Salz & frisch gemahlener Pfeffer

2 Eier

50 g Paniermehl

Vorbereitung

- Das Fleisch der Kalbskoteletts hacken.
- Die Schalotten schälen und hacken.
- Die Äpfel schälen und in Würfel schneiden.
- Die Andouilles* pellen und kleinschneiden. Die erdigen Stielenden der Champignons abschneiden.
- Die Pilze kurz unter kaltem Wasser waschen, trockentupfen und kleinschneiden.

Zubereitung

- Das Olivenöl bei starker Hitze in einer beschichteten Sauteuse erhitzen und die Champignons 8 Min. darin anbraten. Die Butter, die Schalotten und die Petersilie hinzufügen, umrühren und das Ganze 30 Sek. bei mittlerer Hitze kochen lassen.
- Die Äpfel und den Calvados dazugeben und umrühren. Die Crème double* unterrühren, 5 Min. bei mittlerer Hitze einkochen lassen und mit Salz und Pfeffer würzen.

Fertigstellung

- Den Backofen auf 180 °C (160 °C Umluft) vorheizen.
- Das Fleisch mit der Andouille*, der Apfel-Champignon-Mischung, den Eiern und dem Paniermehl vermengen.
- Die Mischung anschließend je nach Bedarf mit Salz und Pfeffer abschmecken.
- Die Haschee-Masse gleichmäßig auf 6 kreisförmige Dessertringe verteilen.
- 20 Min. im Backofen garen.
- Das Gourmet-Haschee heiß mit einem Salat und in Butter goldbraun gebratenen Äpfeln servieren.

Serviervorschlag

Die Haschees mit Petersilie garnieren.

1 Champignon, 1 Apfel und 1 Andouille in relativ dicke Scheiben schneiden, in Butter oder Öl goldbraun braten und die Haschees damit belegen.

Schweinerippchen mit Orange

Für 6 Personen

1 kg Schweinerippchen

2 Knoblauchzehen

2 Möhren

1 Stange Sellerie

abgeriebene Schale und Saft von 2 unbehandelten Orangen

2 EL gefriergetrocknete Zwiebeln

2 EL Honig

2 EL Sojasauce

1 EL Vier-Gewürze-Pulver*

4 EL Ketchup

2 Eier

50 g Paniermehl

Salz & frisch gemahlener Pfeffer

Vorbereitung

- Rippchen von den Knochen lösen und das Fleisch hacken.
- Den Knoblauch schälen und hacken.
- Die Möhren schaben und in Julienne-Streifen schneiden.
- Den Stangensellerie kleinschneiden.

Zubereitung

- Die Orangenschale und den -saft, die Möhren, den Sellerie, den Knoblauch und die Zwiebeln 15 Min. zugedeckt bei mittlerer Hitze in einer beschichteten Sauteuse dünsten.

Fertigstellung

- Den Backofen auf 180 °C (160 °C Umluft) vorheizen.
- Das Schweinefleisch in einer Schüssel mit dem Gemüse, dem Honig, der Sojasauce, dem Vier-Gewürze-Pulver*, dem Ketchup, den Eiern und dem Paniermehl vermengen.
- Die Mischung anschließend je nach Bedarf mit Salz und Pfeffer abschmecken.
- Die Haschee-Masse gleichmäßig auf 6 verschiedene Dessertringe (Dreiecke, Quadrate ...) verteilen.
- 20 Min. im Backofen garen.
- Das Gourmet-Haschee mit geröstetem Brot servieren.

Sophies Tipp

Wussten Sie, dass Sie mit 2 EL gefriergetrockneten Zwiebeln 1 mittelgroße Zwiebel ersetzen können?

Serviervorschlag

1 Möhre mit dem Sparschäler in Streifen hobeln. Die Streifen gleichmäßig zurechtschneiden und die Haschees damit umwickeln. Feststecken nicht nötig!

Dazu passt ...

... ein Orangen-Chutney (Seite 166).

Kartoffeln mit Steinpilzen

Für 6 Personen

18 festkochende Kartoffeln

300 g frische oder 100 g getrocknete Steinpilze

2 Knoblauchzehen

2 Schalotten

3 EL Entenschmalz

3 EL gehackte Petersilie

Salz & frisch gemahlener Pfeffer

2 Eier

50 g Paniermehl

Vorbereitung

- Die Kartoffeln schälen und in Würfel schneiden.
- Stielenden der Steinpilze abschneiden, Pilze vorsichtig waschen, trockentupfen und kleinschneiden.
- Den Knoblauch und die Schalotten schälen und hacken.

Zubereitung

- Das Entenschmalz in einer beschichteten Sauteuse erhitzen und die Kartoffelstücke 15 Min. bei mittlerer Hitze darin anbräunen.
- Die Pilze dazugeben und 5 Min. mitbraten.
- Die Schalotten, den Knoblauch und die Petersilie hinzufügen. Mit Salz und Pfeffer würzen und umrühren.

Fertigstellung

- Den Backofen auf 180 °C (160 °C Umluft) vorheizen.
- Die Kartoffel-Pilz-Mischung in einer Schüssel mit den Eiern und dem Paniermehl vermengen.
- Die Haschee-Masse anschließend je nach Bedarf mit Salz und Pfeffer abschmecken.
- Auf 6 runde Dessertringe (10 cm Durchmesser) verteilen.
- 10 Min. im Backofen garen.
- Das Gourmet-Haschee heiß zu Geflügel oder rotem Fleisch servieren.

Sophies Tipp

Um sicherzugehen, dass Ihre Steinpilze nicht wurmig sind, keine zu großen Exemplare nehmen.

Serviervorschlag

Die fertigen Haschees in die Mitte der Teller setzen und das Fleisch darauf anrichten.

Perlhuhn mit Kohl

Für 6 Personen

2 Perlhühner à 1,4 kg
1 Weiß- oder Rotkohl
2 Hühnerbrühwürfel
1 Zwiebel
2 Knoblauchzehen
2 EL Entenschmalz
200 g Räucherspeck, in feine Streifen geschnitten
Salz & frisch gemahlener Pfeffer
1 TL Thymian
2 Eier
50 g Paniermehl

Vorbereitung

- Die Perlhühner entbeinen und das Fleisch hacken.
- Die Blätter vorsichtig vom Kohlkopf ablösen. Die 6 schönsten Blätter zum Garnieren beiseitelegen. Die restlichen von den harten Blattrippen befreien, 2 Min. in kochendem Salzwasser blanchieren und in kaltem Wasser abschrecken. Abtropfen lassen, trockentupfen und fein schneiden.
- Die Hühnerbrühwürfel in 300 ml kochendem Wasser auflösen.
- Die Zwiebel und den Knoblauch schälen und hacken.

Zubereitung

- Das Entenschmalz in einer beschichteten Sauteuse erhitzen und die Zwiebel, den Knoblauch und den Speck 5 Min. bei mittlerer Hitze darin anbraten.
Den Kohl und die Hühnerbrühe hinzufügen, umrühren und das Ganze 20 Min. köcheln lassen.
Anschließend mit Salz und Pfeffer abschmecken.

Fertigstellung

- Den Backofen auf 180 °C (160 °C Umluft) vorheizen.
- Das Fleisch in einer Schüssel mit dem Kohl, dem Thymian, den Eiern und dem Paniermehl vermengen.
- Abschmecken und gegebenenfalls noch etwas nachwürzen.
- Die Mischung auf 6 rechteckige Dessertringe verteilen.
- 20 Min. im Backofen garen.
- Das Gourmet-Haschee kalt mit geröstetem Brot und einem Salat servieren.

Sophies Tipp

Die blanchierten Kohlblätter in eine Kasserolle legen und mit einem Teller beschweren. So bleiben sie schön glatt.
Damit die Blätter eine schöne Farbe behalten und sich in der Küche keine unangenehmen Gerüche ausbreiten, dem Kochwasser etwas Natron (in Apotheken erhältlich) beigeben.

Serviervorschlag

Die Haschees auf Kohlblättern anrichten, die Blätter darüber zusammenschlagen und mit Bast zubinden.

Zucchini mit Mozzarella

Für Dessertringe

Für 6 Personen

4 mittelgroße Zucchini

2 Knoblauchzehen

4 EL Olivenöl

1 TL Paprikapulver

Salz & frisch gemahlener Pfeffer

200 g Mozzarella

4 EL gehackte Kräuter (Petersilie, Kerbel, Schnittlauch …)

2 Eier

50 g Paniermehl

Vorbereitung
- Die Zucchini waschen und fein würfeln.
- Die Knoblauchzehen schälen und hacken.

Zubereitung
- Das Öl in einer beschichteten Sauteuse erhitzen und die Zucchini mit dem Knoblauch und dem Paprika zugedeckt 15 Min. darin dünsten.
Anschließend mit Salz und Pfeffer abschmecken.

Fertigstellung
- Den Backofen auf 180 °C (160 °C Umluft) vorheizen.
- In einer Schüssel die Zucchini mit dem geriebenen Mozzarella, den Kräutern, den Eiern und dem Paniermehl mischen.
- Die Mischung anschließend je nach Bedarf mit Salz und Pfeffer abschmecken.
- Das Ganze auf 6 Dessertringe verteilen.
- 15 Min. im Backofen garen.
- Das Gourmet-Haschee als Beilage zu Fleisch oder Fisch servieren.

Sophies Tipp
Salz greift das Fleisch der Zucchini an. Deshalb sollte man sie nicht in Salzwasser kochen, sondern erst am Ende der Garzeit würzen, damit das Fleisch bissfest bleibt.

Die Zucchini vor dem Braten in Mehl wenden. So werden sie knuspriger.

Dazu passt …
… ein Tomatencoulis (Seite 166).

Exotische Früchte mit Malibu

Für 6 Personen

1 Ananas

1 Mango

2 Bananen

Saft einer Limette

80 g Brioche (oder Hefebrot)

40 g Butter

40 g Puderzucker

3 EL Malibu*

20 g gemahlene Kokosnuss

2 Eier

Vorbereitung
- Die Ananas, die Mango und die Bananen schälen, kleinschneiden und mit dem Limettensaft beträufeln.
- Die Brioche fein mahlen.

Zubereitung
- Die Butter in einer beschichteten Sauteuse bei mittlerer Hitze mit dem Zucker erhitzen.
- Die Früchte hinzufügen und 5 Min. bei mittlerer Hitze anbräunen. Den Malibu* hinzufügen und umrühren.

Fertigstellung
- Den Backofen auf 180 °C (160 °C Umluft) vorheizen.
- Die Früchte in einer Schüssel mit der gemahlenen Kokosnuss, der Brioche und den Eiern vermengen. Die Mischung auf 6 herzförmige Dessertringe verteilen.
- 15 Min. backen.
- Das Gourmet-Haschee kalt mit 1 Kugel Mango- oder Passionsfruchteis servieren.

Sophies Tipp
Zitronen vor dem Auspressen über die Arbeitsfläche rollen und dabei fest mit der Hand daraufdrücken. Sie geben dann mehr Saft.

Bananenscheiben einige Minuten in Milch legen. Sie werden dann nicht braun.

Serviervorschlag
1 Banane mit dem Sparschäler in dünne Streifen hobeln, die Streifen kurz in Butter anbräunen, die Haschees damit umlegen und mit gemahlener Kokosnuss bestreuen.

Dazu passt …
… eine Orangensauce (Seite 166).

Bananen mit Maronencreme

Für 6 Personen

5 Bananen
80 g Brioche (oder Hefebrot)
100 g Schokoladensplitter
2 EL Bailey's Caramel
20 g gemahlene Haselnüsse
2 EL Maronencreme mit Vanille
2 Eier

Vorbereitung
- Die Bananen schälen und in Würfel schneiden.
- Die Brioche fein mahlen.

Zubereitung und Fertigstellung
- Den Backofen auf 180 °C (160 °C Umluft) vorheizen.
- Die Bananen in einer Schüssel mit den Schokoladensplittern, dem Likör, den gemahlenen Haselnüssen, der Maronencreme, der Brioche und den Eiern vermengen.
- Die Mischung gleichmäßig auf 6 kreisförmige Dessertringe verteilen.
- 15 Min. backen.
- Das Gourmet-Haschee warm oder kalt mit 1 Kugel Vanille- oder Karamelleis servieren.

Sophies Tipp
Je grüner Bananen sind, desto länger lassen sie sich bei Zimmertemperatur aufbewahren und reifen dabei nach. Man kann sie zum Nachreifen aber auch an einem Haken aufhängen oder – um den Reifeprozess zu beschleunigen – in Zeitungspapier einschlagen.

Dazu passt ...
... eine Schokoladensauce (Seite 167) und eine Chantilly-Sahne (Seite 167). Einfach umwerfend!

Birnen mit Schokolade

Für 6 Personen

100 g Schokoladensplitter

20 g Butter

80 g Brioche (oder Hefebrot)

4 Birnen (in Vierteln) aus der Dose oder dem Glas

20 g gemahlene Mandeln

2 Eier

Vorbereitung

- Die Birnen abtropfen lassen und in Würfel schneiden.
- Die Butter in der Mikrowelle zerlassen.
- Die Brioche fein mahlen.

Zubereitung und Fertigstellung

- Den Backofen auf 180 °C (160 °C Umluft) vorheizen.
- In einer Schüssel die Birnen mit den Schokoladensplittern, der zerlassenen Butter, den gemahlenen Mandeln, der Brioche und den Eiern vermengen.
- Die Mischung auf herzförmige Dessertringe verteilen.
- 20 Min. backen.
- Das Gourmet-Haschee warm oder kalt mit 1 Kugel Vanilleeis oder Birnensorbet servieren.

Sophies Tipp

Die Schokoladensplitter durch gehackte Kokos- oder Karamellschokolade oder fein gewürfelten Nougat ersetzen.

Serviervorschlag

Die Haschees rundherum mit kleinen Schoko-Herzen (Seite 167) verzieren.

Dazu passt ...

... eine Schokoladensauce (Seite 167).

Für große Formen

Buffet, Picknick, ein Essen im Familien- oder Freundeskreis – auch in größeren Mengen und großen Formen lassen sich die Haschees schnell und einfach zubereiten.

Das Beste, was ich seit den Cakes kreiert habe!

Kuchen-, Tarte-, Charlottenformen, aus Gusseisen, beschichtet, aus Porzellan oder aus Silikon, Terrinenformen, Schmortöpfe – das alles werden Sie auf den folgenden Seiten in den verschiedensten Farben und Formen finden.

Überraschen und begeistern Sie Klein und Groß mit Ihren Haschees.

Die Formen einzufetten ist überflüssig. Kleiden Sie sie stattdessen lieber mit dünn geschnittenem magerem geräuchertem Bauchspeck oder dünnen Gemüsescheiben (Zucchini, Auberginen …) aus.

Je nach Belieben können die Haschees vor dem Servieren aus der Form gestürzt oder in der Form serviert werden. Vor dem Stürzen müssen Sie sie aber unbedingt gut auskühlen lassen, damit sie nicht zerfallen.

 Apéritif    Hauptgericht, Buffet, Picknick   Beilage

 Wie eine Terrine

 Kinder lieben es

 Dessert, zum Kaffee

Entenbrustfilet mit Entenleber

Für 6 Personen

350 g Putenfilet
2 Schalotten
600 g Entenbrustfilet
200 g Kastanien (Konserve)
100 g Entenleberterrine
1 TL Entenschmalz
2 EL Cognac
Salz & frisch gemahlener Pfeffer
2 Eier
50 g Paniermehl

Vorbereitung
- Das Putenfilet hacken.
- Die Schalotten schälen und hacken.
- Das Entenfleisch ohne das Fett in dünne Streifen schneiden.
- Die Kastanien etwas zerdrücken.
- Die Entenleberterrine kleinschneiden.

Zubereitung
- Das Entenschmalz in einer beschichteten Sauteuse erhitzen und die Schalotten 5 Min. bei geringer Hitze darin andünsten. Anschließend die Kastanien und den Cognac hinzufügen.
- Mit Salz und Pfeffer würzen, umrühren und das Ganze 5 Min. bei geringer Hitze köcheln lassen.

Fertigstellung
- Den Backofen auf 180 °C (160 °C Umluft) vorheizen.
- In einer Schüssel das Puten- und das Entenfleisch mit den Kastanien, der Leber, den Eiern und dem Paniermehl mischen.
- Abschmecken und gegebenenfalls noch etwas nachwürzen.
- Die Mischung in eine Terrinenform füllen und 35 Min. im Backofen garen.
- Das Gourmet-Haschee kalt, in Scheiben geschnitten mit Honigkuchen oder geröstetem Brot servieren.

Sophies Tipp
Das Haschee eignet sich auch hervorragend als Farce für einen Kapaun oder eine Pute.

Serviervorschlag
Rohe Leberscheiben würzen, in Kartoffelstärke wenden und in einer sehr heißen beschichteten Pfanne auf jeder Seite 1 Min. goldbraun braten. Das Haschee damit dekorieren.

Dazu passt ...
... ein Zwiebel-Confit (Seite 166).

Für große Formen

Putenfilet auf normannische Art

Für 6 Personen

500 g Champignons
2 Zwiebeln
700 g Putenfilet
3 EL Olivenöl
Salz & frisch gemahlener Pfeffer
250 ml trockener Cidre
250 g Crème double*
2 Eier
50 g Paniermehl

Vorbereitung

- Die Stielenden der Champignons abschneiden, die Pilze kurz waschen, trockentupfen und in Würfel schneiden.
- Die Zwiebeln schälen und fein schneiden.
- Die Putenfilets hacken.

Zubereitung

- Das Öl in einer beschichteten Sauteuse erhitzen und die Champignons 8 Min. bei starker Hitze darin braten.
- Die Zwiebeln hinzufügen und mit Salz und Pfeffer würzen. Umrühren und das Ganze 10 Min. bei mittlerer Hitze köcheln lassen. Dabei gelegentlich umrühren.
- Den Cidre angießen, die Crème double* hinzufügen, umrühren und die Flüssigkeit 15 Min. bei mittlerer Hitze reduzieren.

Fertigstellung

- Den Backofen auf 180 °C (160 °C Umluft) vorheizen.
- Das Putenfleisch in einer Schüssel mit den Champignons, den Eiern und dem Paniermehl vermengen.
- Die Haschee-Masse abschmecken und gegebenenfalls noch etwas nachwürzen.
- Das Ganze in einen gusseisernen Schmortopf (Ø 25 cm) füllen.
- 40 Min. zugedeckt im Backofen garen.
- Das Gourmet-Haschee heiß im Kochgeschirr servieren und dazu in Butter gebratene Apfelspalten reichen.

Sophies Tipp

Damit die Champignons beim Garen keine Flüssigkeit abgeben, die Pilze bei starker Hitze in einer sehr heißen, mit Öl eingefetteten Pfanne anbraten und dabei nicht umrühren. Die Pilze, sobald sie schön gebräunt sind, einmal wenden und auf der anderen Seite braten. Sind alle Pilze schön braun, die Wärmezufuhr verringern und umrühren.

Dazu passt …

… eine Apfel-Lauch-Sauce (Seite 164).

Hackbraten, das Original

Für 6 Personen

450 g Rindfleisch

150 g Schweinenacken

150 g Kalbfleisch

2 Zwiebeln

2 Knoblauchzehen

2 Möhren

1 Stange Sellerie

50 g Butter

6 EL gehackte Kräuter (Petersilie, Kerbel, Schnittlauch ...)

4 EL Ketchup

2 EL Worcestersauce

2 Eier

50 g Paniermehl

Salz & frisch gemahlener Pfeffer

200 g magerer, geräucherter Bauchspeck in Scheiben

Vorbereitung
- Das Fleisch hacken.
- Die Zwiebeln und den Knoblauch schälen und hacken.
- Die Möhren und den Sellerie putzen und kleinschneiden.

Zubereitung
- Die Butter in einer beschichteten Sauteuse erhitzen und das Gemüse mit den Zwiebeln und dem Knoblauch 15 Min. zugedeckt bei geringer Hitze dünsten.

Fertigstellung
- Den Backofen auf 180 °C (160 °C Umluft) vorheizen.
- Das Fleisch in einer Schüssel mit dem Gemüse, den Kräutern, dem Ketchup, der Worcestersauce, den Eiern und dem Paniermehl vermengen.
- Mit Salz und Pfeffer abschmecken.
- Eine Kastenform (26 cm) mit dem Bauchspeck auskleiden, die Mischung einfüllen.
- 40 Min. im Backofen garen.
- Das Gourmet-Haschee heiß oder kalt, in Scheiben geschnitten mit Pommes frites und Salat servieren.
- Der Hackbraten eignet sich auch hervorragend für Sandwichs.

Sophies Tipp
In Amerika wird der Hackbraten noch mit Ketchup überzogen, der beim Garen karamellisiert. Probieren Sie es doch einmal aus!

Serviervorschlag
Sie können den Hackbraten auch in einer Rundform garen, anschließend aus der Form stürzen und mit Kartoffelpüree überziehen. Mit ein paar Kerzen könnte man daraus auch einen pikanten Geburtstagskuchen machen.

Dazu passt ...
... ein Tomatencoulis (Seite 166).

Für große Formen

Schellfisch und Lauch

Für 6 Personen

700 g geräucherter Schellfisch

400 ml Milch

3 Stangen Lauch
(nur die weißen Schäfte)

1 Zwiebel

400 g Sauerampfer

20 g Butter

2 EL Olivenöl

100 g Crème fraîche

frisch gemahlener Pfeffer

3 EL gehackte Kräuter
(Schnittlauch, Kerbel,
Petersilie …)

1 EL scharfer Senf

2 Eier

50 g Paniermehl

Vorbereitung

- Die Schellfischfilets mit der Milch in eine Kasserolle geben und gegebenenfalls mit so viel Wasser aufgießen, dass der Fisch vollständig bedeckt ist. Langsam aufkochen lassen und den Fisch 10 Min. pochieren. Die Filets vorsichtig herausnehmen, abtropfen lassen, häuten und kleinschneiden.
- Den Lauch waschen, abtropfen lassen und fein schneiden.
- Die Zwiebel schälen und hacken.
- Den Sauerampfer von den Stielen befreien, waschen, trockentupfen und fein schneiden.

Zubereitung

- Die Butter und das Öl in einer beschichteten Sauteuse erhitzen und die Zwiebel und den Lauch 20 Min. zugedeckt bei geringer Hitze darin dünsten.
- Den Sauerampfer und die Crème fraîche hinzufügen, umrühren, das Gemüse 5 Min. bei geringer Hitze kochen lassen und anschließend mit Pfeffer würzen.

Fertigstellung

- Den Backofen auf 180 °C (160 °C Umluft) vorheizen.
- Den Fisch mit der Zwiebel-Lauch-Mischung, den Kräutern, dem Senf, den Eiern und dem Paniermehl vermengen.
- Mit Pfeffer abschmecken (nicht salzen, denn der Schellfisch ist bereits stark gesalzen).
- Die Mischung in eine Gratinform füllen und 30 Min. im Backofen garen.
- Das Gourmet-Haschee heiß in der Form servieren und dazu ein Kartoffelpüree mit Sauerampfer oder einen Salat reichen.

Sophies Tipp

Den Sauerampfer durch jungen Spinat ersetzen.

Das Lauchgrün nicht wegwerfen, sondern kleinschneiden und einfrieren. Es eignet sich hervorragend zum Aromatisieren von Bouillons und Samtsaucen.

Dazu passt …

… eine Senfsauce mit Curry (Seite 164).

Für große Formen

Kaninchen mit Schokolade

Für 6 Personen

2 Zwiebeln

2 Knoblauchzehen

150 ml Hühnerbrühe

8 Kaninchenrücken à 200 g

2 EL Entenschmalz

50 g Pinienkerne

1 TL gemahlener Zimt

Salz & frisch gemahlener Pfeffer

300 ml Weißwein

2 EL Petersilie

20 g Schokoladensplitter

2 Eier

50 g Paniermehl

Vorbereitung
- Die Zwiebeln und den Knoblauch schälen und hacken.
- Die Hühnerbrühe erhitzen.
- Die Kaninchenrücken von den Knochen befreien und das Fleisch hacken.

Zubereitung
- Das Entenschmalz in einer beschichteten Sauteuse erhitzen und die Zwiebeln, den Knoblauch und die Pinienkerne 5 Min. bei geringer Hitze darin anbraten. Mit dem Zimt bestreuen und mit Salz und Pfeffer würzen.
- Den Wein und die Hühnerbrühe angießen, umrühren und das Ganze 15 Min. bei geringer Hitze köcheln lassen.

Fertigstellung
- Den Backofen auf 180 °C (160 °C Umluft) vorheizen.
- Das Fleisch in einer Schüssel mit der Zwiebelmischung, der Petersilie, den Eiern und dem Paniermehl vermengen.
- Anschließend die Schokoladensplitter zufügen und mit Salz und Pfeffer abschmecken.
- Die Mischung in eine Form füllen – wenn Sie haben, eine Osterhasen-Form – und 35 Min. im Backofen garen.
- Das Gourmet-Haschee heiß mit Tagliatelle servieren.

Sophies Tipp
Kaninchenfleisch wird noch zarter, wenn man es vor der Zubereitung 24 Stunden in Milch einlegt.

Dazu passt ...
... eine Rotweinsauce (Seite 165).

Zander mit Limette

Für 6 Personen

600 g Zanderfilet

300 g Tiefseegarnelen, gekocht und geschält

2 Schalotten

2 Knoblauchzehen

3 Stängel Zitronengras

3 EL Olivenöl

2 EL gehacktes Koriandergrün

Saft von 2 Limetten

2 Eier

50 g Paniermehl

Salz & frisch gemahlener Pfeffer

Vorbereitung
- Den Fisch und die Garnelen hacken.
- Die Schalotten und den Knoblauch fein schneiden.
- Die äußeren Schichten der Zitronengrasstängel entfernen und das weiße Innere fein schneiden.

Fertigstellung
- Den Backofen auf 180 °C (160 °C Umluft) vorheizen.
- Den Zander und die Garnelen mit den Schalotten, dem Knoblauch, dem Olivenöl, dem Koriander, dem Zitronengras, dem Limettensaft, den Eiern und dem Paniermehl vermengen.
- Das Ganze anschließend je nach Bedarf mit Salz und Pfeffer abschmecken.
- Die Mischung in eine runde Porzellanform füllen und 30 Min. im Backofen garen.
- Heiß in der Form servieren und Reis dazu reichen.

Sophies Tipp
Um 300 g geschälte Tiefseegarnelen zu erhalten, müssen Sie 600 g ungeschälte kaufen.

Dazu passt ...
... eine Erdnusssauce (Seite 165).

Für große Formen

Tartiflette

Für 6 Personen

300 g Schweinenacken

600 g Schweinekotelett

2 Zwiebeln

1 Reblochon*

2 EL Sonnenblumenöl

150 g Räucherspeck, in feine Streifen geschnitten

2 Eier

50 g Paniermehl

Salz & frisch gemahlener Pfeffer

Vorbereitung

- Das Fleisch von den Knochen befreien und hacken.
- Die Zwiebeln schälen und hacken.
- Den Reblochon* mit der Rinde kleinschneiden.

Zubereitung

- Das Öl in einer Sauteuse erhitzen und die Zwiebeln mit dem Speck 10 Min. bei geringer Hitze darin anbräunen.

Fertigstellung

- Den Backofen auf 180 °C (160 °C Umluft) vorheizen.
- Das Fleisch in einer Schüssel mit der Zwiebel-Speck-Mischung, dem Käse, den Eiern und dem Paniermehl vermengen.
- Die Haschee-Masse anschließend nach Bedarf mit Salz und Pfeffer abschmecken.
- Die Mischung in eine Charlottenform füllen und 40 Min. im Backofen garen.
- Anschließend aus der Form stürzen und heiß mit Bratkartoffeln und Salat servieren.

Sophies Tipp

Den Reblochon* durch Raclette-Käse oder frischen Tomme* ersetzen.
Kaufen Sie nach Möglichkeit einen Reblochon*, der eine grüne Plakette trägt. Dann können Sie sicher sein, dass es sich um ein hochwertiges Produkt aus bäuerlicher Erzeugung handelt.

Serviervorschlag

Füllen Sie zunächst eine Schicht Bratkartoffeln in die Form und verteilen Sie darauf eine Hascheeschicht. Wiederholen Sie den Vorgang einmal.

Kalbsbries mit Portwein

Für 6 Personen

900 g Schweinenacken
200 g Kalbsbries
3 Knoblauchzehen
2 Schalotten
6 Stangen grüner Spargel
2 EL Olivenöl
100 g Speckstreifen
150 ml Weinessig
10 cl Portwein
100 g Sahne
1 EL Thymian
Salz & frisch gemahlener Pfeffer
2 Eier
50 g Paniermehl

Vorbereitung

- Das Schweinefleisch von den Knochen befreien und hacken.
- Das Kalbsbries 3 Min. in kochendem Salzwasser blanchieren und anschließend sofort in eine Schüssel mit kaltem Wasser legen. Abtropfen lassen, die weiße Haut und die Nervenstränge entfernen und das Bries in 4 Scheiben schneiden.
- Den Knoblauch und die Schalotten schälen und hacken.
- Den Spargel (ohne die harten Enden) in Scheiben schneiden.

Zubereitung

- Das Öl in einer beschichteten Sauteuse erhitzen und den Speck, die Schalotten, den Knoblauch und den Spargel 5 Min. zugedeckt bei geringer Hitze darin andünsten. Den Essig angießen und 2 Min. bei starker Hitze reduzieren.
  Den Portwein, die Sahne und den Thymian hinzufügen, mit Salz und Pfeffer würzen und das Ganze 15 Min. köcheln lassen.

Fertigstellung

- Den Backofen auf 180 °C (160 °C Umluft) vorheizen.
- In einer Schüssel das Schweinefleisch mit der Spargelmischung, den Eiern und dem Paniermehl vermengen.
- Mit Salz und Pfeffer abschmecken.
- Die Hälfte der Mischung in eine Kastenform (26 cm) füllen, die Kalbsbriesscheiben darauf verteilen und mit dem restlichen Haschee bedecken. Anschließend 45 Min. im Backofen garen.
- Das Gourmet-Haschee kalt, in Scheiben geschnitten mit geröstetem Brot und einem Friseesalat mit Speck servieren.

Sophies Tipp

Kalbsbries bleibt schön weiß, wenn man es vor der Zubereitung in Wasser legt und über Nacht in den Kühlschrank stellt.

Serviervorschlag

Die Form mit dünnen Scheiben rohem Schinken auslegen, bevor Sie das Haschee einfüllen.

Dazu passt ...

... eine Portweinsauce (Seite 165).

Fasan mit Sauerkraut

Für 6 Personen

2 Zwiebeln

2 Fasane

150 g Entenleberterrine

300 g gekochtes Sauerkraut

1 EL Entenschmalz

100 g Räucherspeck, in feine Streifen geschnitten

2 Eier

50 g Paniermehl

Salz & frisch gemahlener Pfeffer

Vorbereitung
- Die Fasane entbeinen und das Fleisch hacken.
- Die Zwiebeln schälen und fein schneiden.
- Die Entenleberterrine kleinschneiden.
- Das Sauerkraut hacken.

Zubereitung
- Das Entenschmalz in einer beschichteten Sauteuse erhitzen und die Zwiebeln mit dem Speck 10 Min. bei mittlerer Hitze darin anbraten.

Fertigstellung
- Den Backofen auf 180 °C (160 °C Umluft) vorheizen.
- Das Fleisch mit der Zwiebel-Speck-Mischung, der Leber, dem Sauerkraut, den Eiern und dem Paniermehl vermengen.
- Mit Salz und Pfeffer abschmecken.
- Die Mischung in eine Terrinenform füllen und 40 Min. im Backofen garen.
- Das Gourmet-Haschee kalt, in Scheiben geschnitten mit geröstetem Brot servieren.

Sophies Tipp
Den Fasan durch Perlhuhn oder Andouillette* ersetzen.

Serviervorschlag
Die Form mit dünnen Scheiben magerem geräuchertem Bauchspeck auslegen, bevor Sie das Haschee einfüllen. Das Sauerkraut nicht in das Haschee geben, sondern auf dem Bauchspeck verteilen und anschließend das Hasche daraufgeben.

Dazu passt ...
... ein Zwiebel-Confit (Seite 166).

Schweinekarree mit Schalotten

Für 6 Personen

1 kg Schweinekarree

10 Schalotten

2 EL Olivenöl

2 EL Honig

1/2 Dose geschälte Tomaten (400 g Abtropfgewicht)

1 TL gemahlener Kreuzkümmel

Salz & frisch gemahlener Pfeffer

50 g geriebener Parmesan

1 EL grobkörniger Senf

2 Eier

50 g Paniermehl

Vorbereitung

- Das Schweinefleisch von den Knochen lösen und hacken.
- Die Schalotten schälen und hacken.

Zubereitung

- Das Öl in einer beschichteten Sauteuse erhitzen und die Schalotten 5 Min. darin anbraten. Den Honig hinzufügen, umrühren und danach die Tomaten und den Kümmel dazugeben.
- Mit Salz und Pfeffer würzen und das Ganze 15 Min. bei geringer Hitze köcheln lassen.

Fertigstellung

- Den Backofen auf 180 °C (160 °C Umluft) vorheizen.
- In einer Schüssel das Fleisch mit den Schalotten, dem Parmesan, dem Senf, den Eiern und dem Paniermehl vermengen.
- Mit Salz und Pfeffer abschmecken und gegebenenfalls noch etwas nachwürzen.
- Die Mischung in eine Terrinenform füllen und 45 Min. im Backofen garen.
- Das Gourmet-Haschee kalt, in Scheiben geschnitten mit geröstetem Brot und einem Möhrensalat servieren.

Sophies Tipp

Damit Parmesan im Kühlschrank nicht schimmelt, den Käse in einer Gefrierdose in der Kühltruhe aufbewahren. Bei Bedarf immer nur so viel reiben, wie Sie gerade benötigen.

Dazu passt ...

... ein Schalotten-Confit (Seite 166).

Krebsfleisch mit Gouda

Für 6 Personen

400 g Merlanfilet
1 Möhre
1 Stange Lauch
(nur der weiße Schaft)
1 Stange Sellerie
10 Cocktailtomaten
150 g Gouda (natur oder mit Kreuzkümmel)
2 EL Olivenöl
400 g Krebsfleisch
2 EL gehackte Petersilie
1 EL scharfer Senf
1 EL Cognac
50 g Sultaninen
2 Eier
50 g Paniermehl
Salz & frisch gemahlener Pfeffer

Vorbereitung
- Die Merlanfilets entgräten und hacken.
- Die Möhre schaben und in Würfel schneiden.
- Den Lauch und den Sellerie waschen und fein schneiden.
- Die Tomaten halbieren.
- Den Gouda fein würfeln.

Zubereitung
- Das Öl in einer beschichteten Sauteuse erhitzen und die Möhre, den Lauch und den Sellerie 15 Min. zugedeckt bei mittlerer Hitze darin dünsten.

Fertigstellung
- Den Backofen auf 180 °C (160 °C Umluft) vorheizen.
- Das Krebsfleisch in einer Schüssel mit dem Gemüse, der Petersilie, dem Käse, dem Senf, den Tomaten, dem Cognac, den Sultaninen, den Eiern und dem Paniermehl mischen.
- Die Haschee-Masse anschließend mit Salz und Pfeffer abschmecken und gegebenenfalls nachwürzen.
- Die Mischung in eine Kastenform (26 cm) füllen und 30 Min. im Backofen garen.
- Das Gourmet-Haschee kalt, in Scheiben geschnitten mit einem grünen Salat oder einem Möhrensalat servieren.

Sophies Tipp
Den scharfen Senf durch Savora-Senf* und das Krebsfleisch durch Surimi ersetzen.

Serviervorschlag
Mit einem Julienneschneider feine Streifen von 1 Möhre und 1 Stück Gouda abhobeln, die Haschee-Scheiben damit garnieren und zum Schluss mit Kräutern bestreuen.

Dazu passt ...
... eine Rosa Joghurtsauce (Seite 165).

Hähnchen mit Tapenade und eingelegter Zitrone

Für 6 Personen

700 g Hähnchenfilets
20 entsteinte grüne Oliven
1 eingelegte Zitrone*
6 Pimientos del Piquillo*
1 Knoblauchzehe
2 Hühnerbrühwürfel
1/2 Dose geschälte Tomaten (400 g Abtropfgewicht)
1 EL Kräuter der Provence
4 EL Tapenade*
2 Eier
50 g Paniermehl
frisch gemahlener Pfeffer

Vorbereitung
- Die Hähnchenfilets hacken.
- Die Oliven, die eingelegte Zitrone und die Pimientos del Piquillo* kleinschneiden.
- Den Knoblauch schälen und hacken.
- Die Hühnerbrühwürfel in 300 ml kochendem Wasser vollständig auflösen.

Zubereitung
- Die Tomaten, die Hühnerbrühe, den Knoblauch, die Oliven, die Pimientos und die Kräuter in eine beschichtete Sauteuse geben und 20 Min. bei mittlerer Hitze köcheln lassen.

Fertigstellung
- Den Backofen auf 180 °C (160 °C Umluft) vorheizen.
- Das Hähnchenfleisch mit der Tomatenmischung, der Zitrone, der Tapenade, den Eiern und dem Paniermehl vermengen.
- Mit Pfeffer würzen und abschmecken.
- Die Mischung in eine Terrinenform füllen und 40 Min. im Backofen garen.
- Das Gourmet-Haschee kalt, in Scheiben geschnitten mit geröstetem und mit Knoblauch eingeriebenem Brot servieren.

Sophies Tipp
Der Geruch von Knoblauch, Zwiebel oder Schalotte lässt sich ganz leicht von den Fingern entfernen, wenn man das Messer, mit dem man sie geschnitten hat, unter kaltes Wasser hält und anschließend die Finger an der Klinge reibt. Passen Sie aber auf, dass Sie sich dabei nicht schneiden!

Dazu passt ...
... ein Tomatencoulis (Seite 166).

Kastanien mit Sellerie

Für 6 Personen

4 Zwiebeln
2 Stangen Sellerie
800 g Kastanien (Konserve)
1 Hühnerbrühwürfel
100 g Butter
Salz & frisch gemahlener Pfeffer
4 EL gehackte Petersilie
2 Eier
50 g Paniermehl

Vorbereitung

- Die Zwiebeln und den Stangensellerie schälen und hacken.
- Die Kastanien grob zerkleinern.
- Den Hühnerbrühwürfel in 200 ml kochendem Wasser vollständig auflösen.

Zubereitung

- Die Butter in einer beschichteten Sauteuse zerlassen und die Zwiebeln und den Sellerie 10 Min. zugedeckt darin dünsten.
- Die Hühnerbrühe angießen und 5 Min. einkochen lassen. Anschließend mit Salz und Pfeffer würzen.

Fertigstellung

- Den Backofen auf 180 °C (160 °C Umluft) vorheizen.
- Die Kastanien mit der Zwiebel-Sellerie-Mischung, der Petersilie, den Eiern und dem Paniermehl mischen.
- Die Hascheemasse anschließend mit Salz und Pfeffer abschmecken.
- Die Mischung in eine Form füllen und 30 Min. im Backofen garen.
- Das Gourmet-Haschee heiß als Beilage zu einer gebratenen Pute oder zu Wild servieren.

Sophies Tipp

Kastanien lassen sich leichter schälen, wenn man sie vorher röstet. Die Kastanien dazu auf der Unterseite mit einem spitzen Messer kreuzweise einschneiden, auf ein Backblech legen und 20 Min. im 200 °C (Umluft 180 °C) heißen Backofen unter gelegentlichem Wenden rösten. Anschließend in Zeitungspapier einwickeln und 10 Min. ruhen lassen.

Serviervorschlag

Das Haschee in einer Tannenform garen und mit Cocktailtomaten als »Weihnachtskugeln« dekorieren.

Möhren, Süßkartoffeln und Pastinaken

Für 6 Personen

2 Möhren

2 Süßkartoffeln

2 Pastinaken

1 Zwiebel

200 g Pfifferlinge

150 g Beaufort*

50 g Butter

2 EL Sonnenblumenöl

Salz & frisch gemahlener Pfeffer

4 EL gehackte Petersilie

2 Eier

50 g Paniermehl

Vorbereitung

- Das Gemüse schälen und fein würfeln.
- Die Zwiebel schälen und fein schneiden.
- Die Stielenden der Pfifferlinge abschneiden, die Pilze kurz waschen, trockentupfen und fein schneiden.
- Den Beaufort in Würfel schneiden oder reiben.

Zubereitung

- Die Butter und das Öl in einer beschichteten Sauteuse erhitzen.
  Die Zwiebel mit den Möhren, den Süßkartoffeln, den Pastinaken und den Pfifferlingen 20 Min. bei mittlerer Hitze darin anbräunen.
  Mit Salz und Pfeffer würzen und umrühren.

Fertigstellung

- Den Backofen auf 180 °C (160 °C Umluft) vorheizen.
- Das Gemüse in einer Schüssel mit der Petersilie, dem Käse, den Eiern und dem Paniermehl vermengen.
- Die Haschee-Masse mit Salz und Pfeffer abschmecken und gegebenenfalls noch etwas nachwürzen.
- Die Mischung in eine Terrinenform füllen und 30 Min. im Backofen garen.
- Das Gourmet-Haschee heiß im Kochgeschirr zu Fleisch oder Geflügel servieren.

Sophies Tipp

Seit die Kartoffel ihren Siegeszug angetreten hat, hat die Pastinake an Bedeutung verloren und zählt heute zu den »vergessenen« Gemüsen. Ich finde das sehr schade, denn sie hat einen angenehmen, süßlichen Geschmack – der ein wenig an den der Möhre erinnert – mit einer leichten Haselnussnote. Gekocht werden Pastinaken wie Kartoffeln. Überzeugen Sie sich doch selbst einmal davon!

Aprikosen und Amaretto

Für 6 Personen

1 kg Aprikosen

80 g Amaretti

40 g Puderzucker

3 EL Amaretto

2 Eier

1 TL Lavendelblüten
(in Gewürzhandlungen,
manchmal auch in Bioläden
und Teegeschäften erhältlich)

Vorbereitung
- Die Aprikosen entsteinen und kleinschneiden.
- Die Amaretti fein mahlen.

Zubereitung und Fertigstellung
- Den Backofen auf 180 °C (160 °C Umluft) vorheizen.
- In einer Schüssel die Aprikosen mit dem Zucker, dem Amaretto, den Amaretti und den Eiern mischen.
- Die Mischung in eine Souffléform füllen und 35 Min. backen.
- Aus dem Ofen nehmen und mit den Lavendelblüten bestreuen.
- Das Gourmet-Haschee warm oder kalt in der Form servieren.

Serviervorschlag
Kleine Löcher in ein breites Samtband stanzen, das Band um die erkaltete Form binden und Lavendelzweige in die Löcher stecken.

Dazu passt ...
... eine Chantilly-Sahne (Seite 167).

Für große Formen

Kandierte Früchte mit Rum

Für 6 Personen

150 g kandierte Früchte

80 g Brioche
(oder Hefebrot)

2 Eier

40 g Puderzucker

120 ml halbfette Milch

120 g Sahne

80 g Rosinen

2 EL brauner Rum

Vorbereitung
- Die kandierten Früchte kleinschneiden.
- Die Brioche fein mahlen.

Zubereitung
- Den Backofen auf 180 °C (160 °C Umluft) vorheizen.
- In einer Schüssel die Eier mit dem Zucker verrühren. Die Milch und danach die flüssige Sahne, die kandierten Früchte, die Rosinen und die Brioche hinzufügen.
- Die fertige Mischung in einen Fonduetopf füllen und 35 Min. backen.
- Aus dem Backofen nehmen und mit dem Rum beträufeln.
- Das Gourmet-Haschee warm oder kalt in der Form servieren.

Fertigstellung
- Die kandierten Früchte durch Trockenfrüchte, zum Beispiel Aprikosen, Feigen … ersetzen.

Dazu passt …
… eine Vanillesauce (Seite 166).

Sophies Extras

Saucen

 PIKANTE SAUCEN

PESTO
(Rohkost, Gemüse, Pasta, weißfleischiger Fisch)
1 Knoblauchzehe, 30 g Pinienkerne, 50 g geriebenen Parmesan, 200 ml Olivenöl und die Blätter von 2 Bund Basilikum mit Salz und Pfeffer 15 Sek. im Mixer pürieren.

HASELNUSSSAUCE
(Gemüse, Fisch, weißes Fleisch, Geflügel)
30 g Butter in einer beschichteten Sauteuse erhitzen und 20 g ganze Haselnüsse 2 Min. bei mittlerer Hitze darin rösten. 100 g Sahne und 100 ml Milch hinzufügen und das Ganze 5 Min. kochen lassen. Die Sauce anschließend mit 1 EL Haselnussöl im Mixer pürieren und in einer Thermoskanne warm halten.

HONIG-SENF-SAUCE
(Fisch, rotes und weißes Fleisch, Geflügel)
4 EL Honig und 4 EL Sojasauce in eine Kasserolle geben, 5 Min. bei geringer Hitze köcheln und anschließend abkühlen lassen. 5 gestrichene EL Delikatesssenf und 2 EL gehackte Kräuter in die erkaltete Sauce rühren.

SENFSAUCE MIT CURRY
(Andouillette*, Fisch, Fleisch, Geflügel)
50 g Butter in einer Kasserolle zerlassen. 2 EL Delikatesssenf, 3 EL Crème double* und 1 gestrichenen EL Currypulver einrühren. 1 EL gehackte Kräuter hinzufügen und mit Salz abschmecken. Die Sauce in einer Thermoskanne warm halten.

APFEL-LAUCH-SAUCE
(Andouillette*, Blutwurst, Fisch, weißes Fleisch, Geflügel)
1 Apfel schälen und fein würfeln. 100 ml Gemüsebrühe mit 50 ml Weißwein oder Cidre und 1 EL Sojasauce aufkochen. 1 fein geschnittenen weißen Lauchschaft hinzufügen, das Ganze etwa 10 Min. kochen lassen und anschließend mit den Apfelwürfeln im Mixer pürieren. Zum Schluss 3 EL flüssige Sahne, 1 EL Sultaninen und 1 EL Mandelblättchen einrühren.

CASHEW-SAUCE
(Fisch, weißes Fleisch, Geflügel)
200 ml Kokosmilch mit 100 g gehackten Cashewkernen und 1 EL gehacktem Koriandergrün in einer Kasserolle erhitzen. Mit Salz und Pfeffer abschmecken und umrühren.

SÜSSSAURE SAUCE *(Fisch, weißes Fleisch, Geflügel)*
In einer Schüssel 1 EL Sojasauce mit 2 EL Ketchup, 4 EL Ananassaft und etwas frisch geriebenem Ingwer verrühren.

SAHNIGE SCHINKENSAUCE MIT SENF
(Fisch, weißes Fleisch, Geflügel)
100 g Speckwürfel bei mittlerer Hitze in einer Kasserolle goldbraun braten. 50 ml Sherryessig hinzufügen, 1 Min. kochen lassen und anschließend 100 ml Geflügelbrühe angießen. Die Flüssigkeit um die Hälfte reduzieren, 500 g flüssige Sahne dazugeben und die Sauce 10 Min. bei geringer Hitze kochen lassen. 1 EL Dijon-Senf mit dem Schneebesen einrühren und mit Salz und Pfeffer abschmecken.

PORTWEINSAUCE (Innereien, Jakobsmuscheln)
5 cl Portwein in einer Kasserolle mit 50 ml Essig, 100 ml Rotwein und 1 Prise Zucker bei starker Hitze einkochen lassen. Die Sauce mit 50 g Butter montieren und mit Salz und Pfeffer abschmecken. Die Sauce anschließend in einer Thermoskanne warm halten.

JOGHURTSAUCE (Lamm, Rohkost, Fisch)
In einer Schüssel 2 Becher cremigen Joghurt mit dem Saft einer Zitrone, 2 EL fein geschnittener Minze, 1/2 in Würfel geschnittenen Salatgurke und 1 gehackten Knoblauchzehe verrühren und mit Salz und Pfeffer abschmecken.

ROSA JOGHURTSAUCE (Rohkost, Meeresfrüchte, Fisch)
2 Becher cremigen Joghurt in einer Schüssel mit 2 EL Zitronensaft, 2 EL Milch und 1 EL Tomatenmark verrühren und mit Salz und Pfeffer abschmecken.

ERDNUSSSAUCE (Fisch, weißes Fleisch, Geflügel)
1 Apfel schälen und fein würfeln. 20 g Butter in einer Pfanne erhitzen und die Apfelwürfel mit 1 gehackten Zwiebel darin anbraten. 1 EL Rohrzucker, den Saft einer Limette, 200 ml Kokosmilch und 100 g Erdnüsse hinzufügen. Mit Salz und Pfeffer abschmecken und die Sauce 5 Min. bei geringer Hitze köcheln lassen.

TOMATENMAYONNAISE (Rohkost, Gemüse, Fisch, Geflügel)
2 frische Tomaten mit 1 Knoblauchzehe, 50 ml Olivenöl, 1 EL Mayonnaise, 1 EL Balsamico-Essig, Salz und frisch gemahlenem Pfeffer im Mixer pürieren.

SAUCE BISQUE (Krustentiere, Fisch)
1 EL Olivenöl bei starker Hitze in einer Kasserolle erhitzen. Hummer-, Garnelen- oder Scampiköpfe etwa 3 Min. darin anbräunen. 2 EL Whisky einrühren, 1 fein geschnittene Zwiebel und eine kleingeschnittene Möhre hinzufügen und das Ganze 5 Min. kochen lassen. 1 kleine Dose Tomatenmark einrühren und mit Salz und Pfeffer würzen. 500 ml Weißwein angießen und so viel Wasser hinzufügen, dass die Zutaten mit Flüssigkeit bedeckt sind. 1 TL Instant-Fischfond hinzufügen und die Sauce 45 Min. köcheln lassen. Anschließend durch ein feines Sieb passieren und um die Hälfte reduzieren. Vor dem Servieren mit 3 EL Crème double* binden.

GUACAMOLE (Rohkost, Tacos, Tortillachips)
1 Frühlingszwiebel, das Fruchtfleisch von 2 Avocados, den Saft einer Zitrone, 1 EL Crème double* oder Mascarpone und 1 EL Olivenöl im Mixer pürieren. Das Püree mit Salz und Pfeffer abschmecken und 1 fein gewürfelte Tomate untermischen.

ROTWEINSAUCE (Kaninchen, Fisch, rotes Fleisch)
200 ml Rotwein mit 2 fein geschnittenen Schalotten bei starker Hitze in einer Kasserolle einkochen lassen. 1 EL Crème double* einrühren, aufkochen lassen und die Wärmezufuhr anschließend verringern. 200 g Butter nach und nach mit dem Schneebesen unterschlagen und die Sauce mit Salz und Pfeffer abschmecken.

COCKTAILSAUCE (Rohkost, rotes und weißes Fleisch, Geflügel)
1 Glas Mayonnaise mit 2 EL Ketchup, 1 EL Cognac und 3 Spritzern Tabasco verrühren und mit Salz und Pfeffer abschmecken.

SAUCE VIERGE (Fisch)
3 geschälte, entkernte und fein gewürfelte Tomaten mit 150 ml Olivenöl, dem Saft einer Zitrone, 1 gehackten Knoblauchzehe und 3 EL gehackten Kräutern verrühren und mit Salz und Pfeffer abschmecken.

LEICHTE KRÄUTERMAYONNAISE (Spargel, Rohkost, Meeresfrüchte)
2 hartgekochte Eigelb mit 1 TL Senf und 1 TL Balsamico-Essig zerdrücken. Mit 250 g Quark verrühren, mit Salz und Pfeffer abschmecken und mit reichlich gehackten Kräutern verfeinern.

ZITRONENSAUCE (Rohkost, Fisch)
100 ml Olivenöl mit dem Saft einer Zitrone, 2 EL Crème double* und 1 TL Worcestersauce im Mixer aufschlagen und mit Salz und Pfeffer abschmecken.

CHAMPIGNONSAUCE (Nudeln, weißes Fleisch, Geflügel)
1 EL Olivenöl in einer Pfanne erhitzen und 300 g fein geschnittene Champignons 3 Min. bei starker Hitze darin anbraten. 20 g Butter und 2 gehackte Schalotten hinzufügen, mit Salz und Pfeffer abschmecken und 1 Min. kochen lassen. 200 ml Weißwein angießen und 10 Min. bei geringer Hitze einkochen lassen. Zum Schluss 2 EL Crème double* einrühren und die Sauce in einer Thermoskanne warm halten.

MANDELSAUCE MIT KRÄUTERN
(Rohkost, Gemüse, Fisch, weißes Fleisch, Geflügel)
1 EL weißes Mandelpüree (in Bioläden erhältlich) in einer Schüssel mit 1 EL kaltem Wasser und dem Saft von 1 Zitrone verrühren. 1 fein geschnittene Schalotte und 3 EL gehackte Kräuter untermischen, mit Salz und Pfeffer abschmecken und zum Schluss 2 EL Olivenöl unterrühren.

APRIKOSEN-CHUTNEY
(Ente, Entenleber, Fasan)
200 g Zucker in einer Kasserolle mit 50 ml Essig karamellisieren lassen. 250 g entsteinte und halbierte Aprikosen, 1 Zimtstange und 2 Gewürznelken hinzufügen. Das Ganze 20 Min. bei geringer Hitze kochen und anschließend abkühlen lassen.

ORANGEN-CHUTNEY *(weißes Fleisch)*
2 dünnschalige unbehandelte Orangen mit der Schale kleinschneiden und mit 2 kleingeschnittenen Äpfeln, 1 fein geschnittenen Zwiebel und 125 g Sultaninen in eine Sauteuse geben. 500 ml Weißweinessig, 1 TL gemahlenen Ingwer und 150 g Zucker hinzufügen, salzen, umrühren und das Ganze 40 Min. bei geringer Hitze kochen lassen. Dabei gelegentlich umrühren. Das Chutney anschließend erkalten lassen.

ZWIEBEL- ODER SCHALOTTEN-CONFIT
(Blutwurst, Fleisch- und Geflügelterrinen)
10 g Butter in einer Kasserolle zerlassen. 2 Zwiebeln oder 10 Schalotten fein schneiden und 10 Min. bei geringer Hitze in der Butter dünsten. 1 EL Zucker, 2 EL Rotwein und 2 EL Balsamico-Essig hinzufügen und die Zwiebeln oder Schalotten zugedeckt 10 Min. bei geringer Hitze weich garen.

KRÄUTERCOULIS
(Kaninchen, Gemüse, Fisch, Pasta, Geflügel)
25 g Petersilie, 25 g Kerbel und 25 g Schnittlauch grob hacken und mit 500 g flüssiger Sahne 10 Min. bei geringer Hitze in einer Kasserolle kochen. Mit Salz und Pfeffer abschmecken und das Coulis im Mixer pürieren.

TOMATENCOULIS
(Gemüse, Merguez*, rotes und weißes Fleisch, Geflügel)
1 kg Tomaten mit dem Tomatenschäler schälen. Die Tomaten halbieren, die Kerne entfernen und die Tomaten mit 1 Knoblauchzehe, 1 TL Tomatenmark und 2 EL gehackten Kräutern im Mixer pürieren. Mit Salz und Pfeffer abschmecken und in den Kühlschrank stellen.

ROTES PAPRIKACOULIS
(Gemüse, Fisch)
2 EL Olivenöl in einer Kasserolle erhitzen und 4 fein geschnittene Frühlingszwiebeln 5 Min. bei geringer Hitze darin dünsten. 2 fein gewürfelte rote Paprikaschoten, 1 ganze Knoblauchzehe und 150 ml Geflügelbrühe hinzufügen, mit Salz und Pfeffer abschmecken und das Ganze im Mixer pürieren. Dabei nach und nach 60 g Butter unterschlagen.

SÜSSE SAUCEN

HIMBEER- ODER ERDBEERCOULIS
(Eiscreme, Obstsalat, Desserts mit Beeren)
200 g frische oder tiefgekühlte Himbeeren oder Erdbeeren in einer Kasserolle mit 100 g Zucker und 5 EL Wasser verrühren. Das Ganze 10 Min. bei geringer Hitze kochen lassen, anschließend im Mixer pürieren und danach durch ein feines Sieb passieren.

ORANGENSAUCE
(Crêpes, Dessert mit Früchten oder Schokolade)
In einer Kasserolle den Saft von 3 Orangen mit 70 g Zucker und 2 EL Maisstärke verrühren. Aufkochen lassen und dabei laufend mit dem Schneebesen rühren. Die Sauce anschließend 2 Min. bei geringer Hitze kochen lassen.
Die Orangensauce in einer Thermoskanne warm halten.

VANILLESAUCE
(Desserts mit Schokolade oder Früchten, Schwimmende Inseln*)
In einer Kasserolle 500 ml Milch mit $^{1}/_{2}$ EL gemahlener Vanille erhitzen. In einer Schüssel 6 Eigelb mit 125 g Zucker verrühren und die heiße Milch nach und nach mit dem Schneebesen unterschlagen. Die Mischung wieder in die Kasserolle gießen und bei geringer Hitze erhitzen (aber keinesfalls zum Kochen kommen lassen). Dabei laufend mit einem Holzkochlöffel rühren, bis sich auf der Oberfläche kein Schaum mehr bildet. Den Topf vom Herd nehmen, die Sauce in eine Schüssel gießen und erkalten lassen. Dabei gelegentlich umrühren. Wenn Sie einen besonderen Effekt erzielen wollen, die Sauce nach Belieben noch mit Lebensmittelfarbe färben.

CHANTILLY-SAHNE
(Crêpes, Dessert mit Schokolade oder Früchten, Eiscreme)
300 g eisgekühlte flüssige Sahne mit 50 g Puderzucker in eine Schüssel geben und rasch mit dem Schneebesen oder dem Handmixer aufschlagen. Die Sahne nicht zu lange schlagen, damit sie nicht zu Butter wird.
Damit die Chantilly-Sahne steif bleibt, zum Schluss noch 1 Päckchen Sahnesteif unterrühren.

SCHOKOLADENSAUCE
(Crêpes, Eiscreme, Früchte)
150 g Zartbitter-, Vollmilch- oder weiße Schokolade mit 200 g flüssiger Sahne in der Mikrowelle schmelzen. Umrühren und warm servieren oder in einer Thermoskanne warm halten.

KARAMELLSAUCE MIT GESALZENER BUTTER
(Crêpes, Kompott, Eiscreme, Tartes)
100 g Zucker ohne Zugabe von Wasser bei mittlerer Hitze in einer Kasserolle erhitzen und erst umrühren, wenn der Zucker karamellisiert. Anschließend 50 g halbgesalzene Butter und danach 300 g flüssige Sahne einrühren.
Die Sauce, die beim Erkalten eindickt, vor dem Servieren noch einmal kurz in der Mikrowelle erhitzen, bis sie wieder flüssig ist, oder die Sauce in einer Thermoskanne warm halten.

 DEKOS ZUM MITESSEN

KARAMELLFÄDEN
Aus 150 g Zucker und 1 EL Wasser einen Karamell herstellen. Den Karamell abkühlen lassen, bis er zähflüssig wie Honig ist. Nun zwei Gabeln Rücken an Rücken in den Karamell tauchen und über einem Stück Pergamentpapier rasch nach rechts und links auseinanderziehen, sodass feine Karamellfäden entstehen. Den Vorgang so lange wiederholen, bis der Karamell aufgebraucht ist.

SCHOKO-HERZEN
Ein Küchenbrett mit Frischhaltefolie überziehen. 200 g Zartbitterschokolade in der Mikrowelle oder im Wasserbad schmelzen, auf das Brett gießen und mit einem Pinsel dünn verstreichen. Das Brett in den Kühlschrank legen, bis die Schokolade fest ist. Die Schokoladenplatte anschließend vorsichtig von der Folie lösen, auf ein Brett legen und mit Ausstechformen die gewünschten Formen (Herz, Stern, Dreieck …) ausstechen.

KNUSPRIGE BRICK-BLÄTTER
Die Brick-Blätter* einmal zusammenfalten und aufeinanderlegen. Eine Ausstechform (Stern, Herz, Kreis …) auf den Stapel legen und den Teig rundherum abschneiden. Die Blätter anschließend voneinander lösen. In einer Schüssel 2 EL flüssigen Honig mit dem Saft einer Orange verrühren, die Blätter damit bepinseln und auf ein mit einer Silikonmatte ausgelegtes Backblech legen. Mit gerösteten Sesamkörnern bestreuen und 8 Min. im 180 °C (Umluft 160 °C) heißen Backofen backen. Je dunkler die Blätter sind, desto knuspriger sind sie. Die Blätter anschließend abkühlen lassen.

BLÄTTERTEIGSCHEIBEN
Den backfertigen Blätterteig ausrollen und mit einem Dessertring oder einem Glas Kreise daraus ausstechen. Die Scheiben auf ein mit einer Silikonmatte ausgelegtes Backblech legen, den Teig etwas mit Wasser befeuchten und gegebenenfalls mit Zucker bestreuen. Mehrfach mit einer Gabel einstechen, 15 Min. im 180 °C (Umluft 160 °C) heißen Backofen backen und anschließend auf einem Kuchengitter auskühlen lassen.

Alphabetisches Rezeptregister

A

Andouillette mit Weißwein	26
Äpfel und Spekulatius	67
Aprikosen und Amaretto	159
Artischocken mit Mandeln	93

B

Bananen mit Maronencreme	129
Birnen mit Schokolade	130
Blaubeeren und Zitrone	70
Blutwurst	80

E

Eingelegte Ente mit Äpfeln	112
Ente mit Ananas	81
Ente mit getrockneten Aprikosen	62
Entenbrustfilet mit Entenleber	136
Erdbeeren und weiße Schokolade	69
Exotische Früchte mit Malibu	128

F

Fasan mit Sauerkraut	151
Fenchel, Tomaten und Oliven	64
Fleischbällchen mit Chips	35
Frühlingsgemüse mit Estragon	66
Frühlingsrollen mit Rotbarbe und Gemüse	20

G

Garnelen und Spargel	78
Gefüllte Zwiebeln	32

H

Hackbraten, das Original	139
Hähnchen mit Cashewkernen	108
Hähnchen mit Ratatouille	87
Hähnchen mit Tapenade und eingelegter Zitrone	155
Hähnchen-Cevapcici am Spieß	17
Himbeernougat	99
Hummer mit Spargel und Morcheln	51

J

Jakobsmuscheln mit Mimolette	77

K

Kabeljau mit Möhren	113
Kalbfleisch mit Gorgonzola	56
Kalbsbries mit Portwein	149
Kalbskotelett mit Äpfeln	117
Kandierte Früchte mit Rum	160
Kaninchen mit Schokolade	144
Kaninchenrücken mit Oliven	49
Kartoffeln mit Steinpilzen	122
Kartoffelpuffer mit Raclette-Käse	36
Kastanien mit Sellerie	157
Kirsche und Pistazien	96
Krebsfleisch mit Gouda	154
Kulibiaka mit Lachs	110

L

Lachs mit Ahornsirup	29
Lamm mit Minze	85
Lammkeule mit Auberginen	63
Lamm-Tagine	23

M

Merguez	25
Möhren, Süßkartoffeln und Pastinaken	158

N

Nusspralinen mit Kokos	39

P

Perlhuhn mit Kohl	123
Perlhuhn mit Schnecken	57
Putenfilet auf normannische Art	138
Pute mit grünen Bohnenkernen	82
Putenfrikadellen »Cordon bleu«	38

R

Rinderlende mit Schalotten	116
Rindfleisch mit Kräutern	89
Rindfleisch unter der Haube	55

S

Saltimbocca	107
Schellfisch und Lauch	142
Schinken mit Chicorée und Roquefort	76
Schinken und Hörnchennudeln	90
Schweinefleisch mit Oliven und Kapern	60
Schweinekarree mit Schalotten	152
Schweinerippchen mit Orange	120
Schwertfisch auf italienische Art	109
Seeteufel mit Cashewkernen	84
Spargel mit Parmesan	50
Spinat mit Ricotta	92
Süßsaure Jakobsmuscheln mit Möhren	47

T

Tacos	28
Tartiflette	148
Taube mit Mandeln	115
Thunfisch mit Kokosnuss	46
Thunfisch mit Koriander	30
Tomaten mit Ratatouille gefüllt	24

Z

Zander mit Limette	145
Ziegenfrischkäse mit Roter Bete und Birne	16
Zucchini mit Lammhack	21
Zucchini mit Mozzarella	127
Zwetschgen mit Pastis	98

Rezepte nach Kategorien

Blutwurst 80	Jakobsmuscheln mit Mimolette 77
Entenbrustfilet mit Entenleber 136	Schinken mit Chicorée und Roquefort 76
Frühlingsrollen mit Rotbarbe und Gemüse 20	Thunfisch mit Kokosnuss 46
Garnelen und Spargel 78	Ziegenfrischkäse mit Roter Bete und Birne 16
Hähnchen-Cevapcici am Spieß 17	

Andouillette mit Weißwein 26	Pute mit grünen Bohnenkernen 82
Eingelegte Ente mit Äpfeln 112	Putenfilet auf normannische Art 138
Ente mit Ananas 81	Rinderlende mit Schalotten 116
Hackbraten, das Original 139	Rindfleisch mit Kräutern 89
Hähnchen mit Cashewkernen 108	Rindfleisch unter der Haube 55
Hähnchen mit Ratatouille 87	Saltimbocca 107
Hummer mit Spargel und Morcheln 51	Schellfisch und Lauch 142
Kabeljau mit Möhren 113	Schwertfisch auf italienische Art 109
Kalbfleisch mit Gorgonzola 56	Seeteufel mit Cashewkernen 84
Kalbsbries mit Portwein 149	Spargel mit Parmesan 50
Kalbskotelett mit Äpfeln 117	Süßsaure Jakobsmuscheln mit Möhren 47
Kaninchen mit Schokolade 144	Tacos 28
Kaninchenrücken mit Oliven 49	Tartiflette 148
Kulibiaka mit Lachs 110	Taube mit Mandeln 115
Lachs mit Ahornsirup 29	Thunfisch mit Koriander 30
Lamm mit Minze 85	Tomaten mit Ratatouille gefüllt 24
Lamm-Tagine 23	Zander mit Limette 145
Merguez 25	Zucchini mit Lammhack 21
Perlhuhn mit Schnecken 57	

 Aperitif   Hauptgericht, Buffet, Picknick   Beilage

Artischocken mit Mandeln	93	Kastanien mit Sellerie	157
Fenchel, Tomaten und Oliven	64	Möhren, Süßkartoffeln und Pastinaken	158
Frühlingsgemüse mit Estragon	66	Spinat mit Ricotta	92
Gefüllte Zwiebeln	32	Zucchini mit Mozzarella	127
Kartoffeln mit Steinpilzen	122		

Ente mit getrockneten Aprikosen	62	Lammkeule mit Auberginen	63
Fasan mit Sauerkraut	151	Perlhuhn mit Kohl	123
Hähnchen mit Tapenade und eingelegter Zitrone	155	Schweinefleisch mit Oliven und Kapern	60
		Schweinekarree mit Schalotten	152
Krebsfleisch mit Gouda	154	Schweinerippchen mit Orange	120

Fleischbällchen mit Chips	35	Putenfrikadellen »Cordon bleu«	38
Kartoffelpuffer mit Raclette-Käse	36	Schinken und Hörnchennudeln	90

Äpfel und Spekulatius	67	Exotische Früchte mit Malibu	128
Aprikosen und Amaretto	159	Himbeernougat	99
Bananen mit Maronencreme	129	Kandierte Früchte mit Rum	160
Birnen mit Schokolade	130	Kirsche und Pistazien	96
Blaubeeren und Zitrone	70	Nusspralinen mit Kokos	39
Erdbeeren und weiße Schokolade	69	Zwetschgen mit Pastis	98

 Wie eine Terrine   Kinder lieben es   Dessert, zum Kaffee

Kleine Warenkunde

Andouille und Andouillette sind französische Wurstspezialitäten. Es handelt sich dabei um frische oder geräucherte Würste bzw. Würstchen aus Innereien vom Schwein oder Kalb, die mit Wein, Zwiebeln und Gewürzen verfeinert werden.

Beaufort ist ein Hartkäse aus roher Kuhmilch mit einem Fettgehalt von 50 %. Der Beaufort hat einen nussigen, fruchtigen Geschmack.

Biscuits roses, eine Spezialität aus der französischen Stadt Reims, sind zweimal gebackene Kekse, die mit roter Lebensmittelfarbe eingefärbt werden. Da sie Flüssigkeiten gut absorbieren, tränkt man sie vor dem Genuss gerne in Champagner, Portwein oder Likörweinen.

Boulaouane, Rouge de ist ein fruchtiger, ausgewogener Rotwein, der in Algerien und Marokko erzeugt wird. Er passt gut zu rotem Fleisch, Wild, Käse und nordafrikanischen Gerichten.

Brick- oder Filoteig ist ein hauchdünner Strudelteig, der in türkischen Lebensmittelgeschäften erhältlich ist.

Callissons, eine Spezialität aus Aix-en-Provence, ist ein rautenförmiges Konfekt aus Mandeln, kandierten Melonen, Zucker, Eiweiß und Orangenblütenwasser. Calissons sind bei uns in Confiserien erhältlich oder über das Internet zu beziehen.

Cantal ist ein halbfester Schnittkäse aus Kuhmilch mit einem Fettgehalt von 45 % und leicht salzigem, haselnussartigem Geschmack.

Chipolata ist ein kleines Bratwürstchen, das mit glacierten Zwiebeln, Möhren und Maronen verfeinert wird.

Crème double kann durch Sauerrahm (nicht zu verwechseln mit saurer Sahne) ersetzt werden. In der französischen Originalausgabe dieses Buches wird statt Crème double immer Crème fraîche épaisse verwendet, die bei uns allerdings kaum zu bekommen ist.

Crêpes Dentelles Gavotte®, eine Spezialität aus der Bretagne, sind feine, flache Waffelröllchen. Crêpes Dentelles sind bei uns in Confiserien erhältlich oder über das Internet zu beziehen.

Crottin de Chavignol ist ein kleiner, runder Weichkäse aus Ziegenmilch mit nussigem, leicht säuerlichem Geschmack und einem Fettgehalt von 45 %. Man findet ihn bei uns in gut sortierten Supermärkten und Käsegeschäften, wo er meist unter dem Herstellernamen »Soignon« angeboten wird.

Fleur de sel (dt. Salzblume) ist das wohl feinste und beste Salz. Es handelt sich dabei um die auf der Wasseroberfläche entstehenden Salzkristalle, die in den Salzgärten der Bretagne von Hand abgelesen werden.

Flüssige Crème fraîche ist bei uns kaum erhältlich. Sie lässt sich aber ganz einfach selbst herstellen, indem man flüssige Sahne mit saurer Sahne verrührt.

Harissa ist eine scharfe rote Würzpaste aus frischen Chilischoten, Kreuzkümmel, Koriander, Knoblauch und Olivenöl, die sich vor allem in der nordafrikanischen Küche großer Beliebtheit erfreut. Harissa ist bei uns, meist in kleinen Dosen oder Gläsern, in gut sortierten Supermärkten erhältlich.

Madiran ist ein dunkler, rustikaler, körperreicher Rotwein mit kräftiger Gerbsäure aus den Pyrenäen.

Malibu ist ein klarer Fruchtlikör aus weißem Rum, Zucker und Kokosnussextrakten mit einem

Alkoholgehalt von 21 Vol.-%. Er stammt ursprünglich aus der Karibik und wird meist mit Milch und Fruchtsäften gemischt oder für Cocktails verwendet.

Meaux-Senf (frz. Moutarde de Meaux) ist ein grobkörniger mittelscharfer Senf, der nach einem Rezept aus dem 17. Jahrhundert hergestellt und mit Wein und Kräutern verfeinert wird.

Merguez, eine Spezialität aus Nordafrika, ist ein scharfes Würstchen aus Rind- und/oder Hammelfleisch, das man gebraten oder gegrillt isst.

Mimolette ist ein französischer Schnittkäse mit mildem, haselnussartigem Geschmack und einem Fettgehalt von 45 %. Als Alternative eignet sich Edamer.

Noilly Prat ist ein herb-würziger trockener französischer Wermut.

Piment d'Espelette ist ein Chilipfeffer aus dem französischen Baskenland.

Pimiento del Piquillo ist eine Paprikasorte aus Nordspanien. Die dünnen, 8 bis 10 cm langen, leuchtend roten Schoten haben einen süßlich-würzigen Geschmack und werden auf dem Holzkohlegrill geröstet und gehäutet. Pimientos del Piquillo werden bei uns in Feinkostgeschäften im Glas angeboten oder sind über das Internet zu beziehen.

Quatre-quarts (dt. vier Viertel) ist ein runder Kuchen aus Mehl, Butter, Eiern und Zucker, der manchmal noch mit Orangen, Zitrone oder Vanille aromatisiert oder, wie in der Bretagne, mit Früchten, Mandeln und Rosinen angereichert wird.

Raz-el-Hanout ist eine nordafrikanische Gewürzmischung. Die zahllosen Varianten dieser Mischung bestehen im Wesentlichen aus verschiedenen Pfeffersorten, Nelken, Muskat, Kardamom, Zimt, Kurkuma und Kreuzkümmel.

Reblochon, eine Spezialität aus Savoyen, ist ein cremig-milder Butterkäse aus Kuhmilch mit einem Fettgehalt von 50 %. Er wird meist mit der Rinde gegessen.

Roseval ist eine alte französische Kartoffelsorte. Die festkochenden rotschaligen Kartoffeln sind relativ klein und oval.

Saint-Marcellin ist ein milder, cremiger, leicht säuerlicher französischer Weichkäse aus Kuhmilch mit einem Fettgehalt von 50 %.

Saint-Nectaire ist ein außerordentlich feiner französischer Halbhartkäse aus Kuhmilch mit nussig-buttrigem Geschmack und einem Fettgehalt von 45 %.

Savora-Senf ist ein milder französischer Senf. Er ist bei uns in Feinkostgeschäften und in den Feinkostabteilungen großer Kaufhäuser erhältlich.

Schwimmende Inseln (frz. Îles flottantes) ist der Name eines französischen Desserts. Es handelt sich dabei um eine leichte Süßspeise aus – häufig mit Karamell überzogenen – Eischneebällchen und Vanillecreme.

Tabouleh, eine libanesische Spezialität, ist ein Salat aus Bulgur, Petersilie, Tomaten und Zwiebeln, der mit Zitronensaft und Olivenöl angemacht wird.

Tapenade, eine Spezialität aus der Provence, ist eine pikante Würzpaste aus Anchovis, schwarzen Oliven, Kapern, Olivenöl, Zitronensaft und Gewürzen. Tapenade ist bei uns in Feinkostgeschäften und gut sortierten Supermärkten erhältlich, man kann sie aber auch selbst machen. Rezepte finden Sie im Internet.

Tomme ist ein milder Halbhartkäse aus Schafs-, Ziegen- oder Kuhmilch mit einem Fettgehalt zwischen 20 und 45 %.

Vier-Gewürze-Pulver (frz. Quatre-épices) ist eine gemahlene Gewürzmischung aus Pfeffer, Muskatnuss, Nelke und Zimt.

Zitrone in Salz und Olivenöl eingelegt, ist eine marokkanische Spezialität, die man auch selbst herstellen kann. Im Handel sind eingelegte Zitronen bei uns nur schwer erhältlich. Rezepte finden Sie im Internet.

Dank ...

... an Marie-Claire, die zwei Wochen lang unermüdlich gemeinsam mit mir »gehackt« hat.

... an Françoise Nicol, die Fotografin, die für den »Augenschmaus« sorgte.

... an Catherine Madani, die Frau mit Stil, die es versteht, die Dinge ins rechte Licht zu setzen!

... an das gesamte Minerva-Team, bei dem ich stets Unterstützung finde – komme, was da wolle.

... an die Maison de Sophie, die Gäste, die Mitarbeiter und vor allem an Chloé, die mir mit großem Geschick, Engagement und vor allem Geduld assistiert hat!

... und last but not least an meinen Mann Jackie, dem ich und der mir von einem Buch zum anderen treu zur Seite steht und auf den ich stets bauen kann!

Und von Catherine Madani ein herzlicher Dank an: VILLEROY & BOCH, MONOPRIX, DESIGNERS GUILD, STUDIO NOVA, ASA, DEJEUNER SUR L'HERBE, SENTOU, REVOL, HABITAT, BODUM, LUMINARC, KENZO VAISELLE, L.Z.T., CÔTÉ MAISON und der SOCIÉTÉ TECHNA für die freundliche Unterstützung bei der Realisierung der Rezeptfotos.

In gleicher Ausstattung ebenfalls bei Gerstenberg:

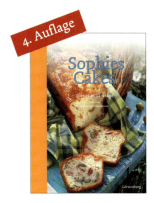

Sophies Cakes
ISBN 978-3-8369-2950-9

Sophies Marmeladen & Kompotte
ISBN 978-3-8369-2979-0

Sophies Tartes, Quiches und Salate
ISBN 978-3-8369-2964-6

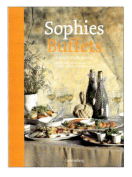

Sophies Buffets
ISBN 978-3-8369-2974-5

Sophies Grillfeste
ISBN 978-3-8369-2988-2

»Sophie Dudemaine gibt der Generation Mikrowelle den Spaß am Kochen zurück.«   ZDF

»Ihre Rezepte müssen hopp, hopp gehen – und trotzdem raffiniert schmecken. Genau da liegt das Geheimnis der ›Methode Sophie‹: Sie ist idiotensicher und funktioniert selbst dann, wenn der Hobbykoch zwei linke Hände besitzt.«   Stern

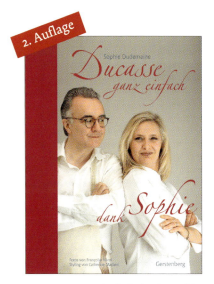

Ducasse ganz einfach dank Sophie
ISBN 978-3-8369-2965-3